顾瑞鹏◎著

企业纳税

实务操作与风险防范

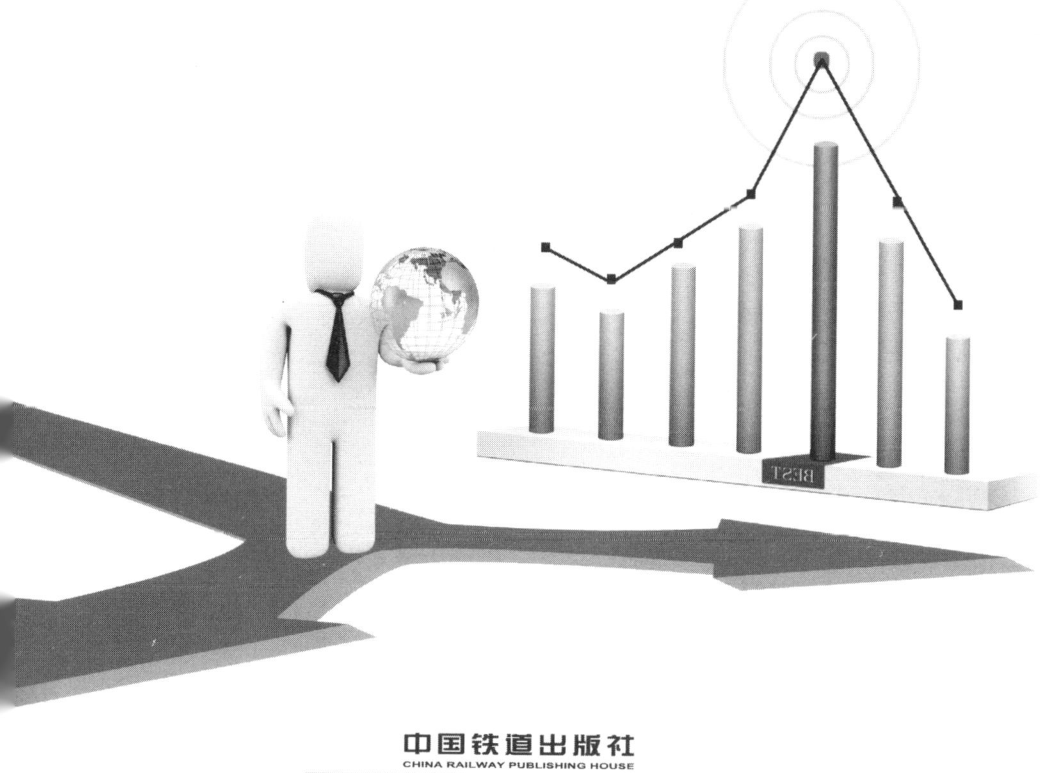

中国铁道出版社
CHINA RAILWAY PUBLISHING HOUSE

内容简介

本书从企业日常涉税业务的现状出发，引入全新纳税预算思维，通过企业经营全程的业务实操分析，提供了企业系统的纳税预算管理和实操体系、严密的税收风险管控方法和完善的涉税科学处理的方法。本书在框架体系上遵循读者的学习规律，内容安排贴近企业的实际业务、政策依据采用最新的权威法规、实操运作构建原创的创新视角，系统、全面、完善地帮助企业识别和化解纳税风险，具有一定的深度和广度，对企业业务的实操具有较强的指导和参考意义。

图书在版编目（CIP）数据

企业纳税实务操作与风险防范 / 顾瑞鹏著．—北京：中国铁道出版社，2016.6（2017.4 重印）

ISBN 978-7-113-21626-9

Ⅰ．①企… Ⅱ．①顾… Ⅲ．①企业管理－税收管理－中国 Ⅳ．①F812.423

中国版本图书馆 CIP 数据核字（2016）第 063260 号

书　　名：**企业纳税实务操作与风险防范**
作　　者：顾瑞鹏　著

策　　划：王　佩　　　　**读者热线电话**：010-63560056
责任编辑：杨新阳
责任印制：赵星辰　　　　**封面设计**：MXK DESIGN STUDIO

出版发行：中国铁道出版社（北京市西城区右安门西街 8 号　邮政编码：100054）
印　　刷：北京明恒达印务有限公司
版　　次：2016 年 6 月第 1 版　　2017 年 4 月第 3 次印刷
开　　本：700mm×1000mm　1/16　**印张**：16.5　**字数**：220 千
书　　号：ISBN 978-7-113-21626-9
定　　价：49.00 元

前言

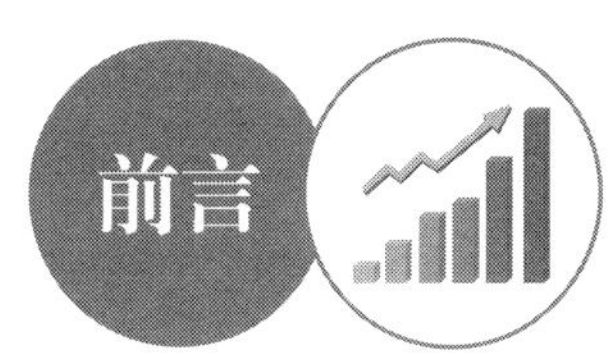

企业税收一直是税务机关和企业博弈的热点地带，准确地识别和化解涉税风险是每一个企业管理层和财务人员必须具备的一项基本职业技能，掌握该技能不仅能有效地降低企业的涉税风险和税负，避免不必要的“冤枉税”产生，同时也能通过企业税收的管控，提升企业的内部管理技能，创造新的价值增长点，真正实现向管理要财富，向内控要效益。

本书结合作者十余年专业从事企业涉税风险实践的经验，从企业日常涉税业务的现状出发，通过企业经营全程的业务实操分析，结合经典的涉税案例，找出日常业务中容易被企业忽视的涉税风险产生点，从企业架构重构，涉税证据提供，财税信息传递、涉税合同管理、业务流程再造等涉税管理新视角，审视企业经营业务产生的过程，引入全新纳税管理思维和税收风险识别的新理念，并提供了企业系统的纳税预算管理和实操体系、严密的税收风险管控方法和完善的涉税科学处理的方法。

本书在框架体系上遵循读者的学习规律，内容安排贴近企业的实际业务、政策依据采用最新的权威法规、实操运作构建原创的创新视角，系统、全面和完善地解决企业的纳税风险的识别和化解，具有一定的深度和广度，对企业业务的实操具有较强的指导和参考意义。

在撰写过程中，参考了相关税收理论与实务界同行们的相关文章和著作，在此一并表示衷心的感谢！

由于本书编写时间紧张，加之著者的学识与水平有限，书中错误和缺陷在所难免，恭请读者朋友们不吝赐教。

2016 年 3 月　苏州 石湖畔

顾瑞鹏

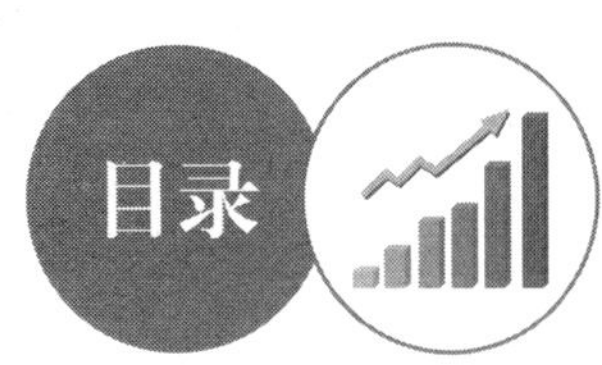
目录

第一章

企业的纳税风险到底来自何处

——风险不可怕，可怕的是风险已存在你却不知道。

——企业创业，在经营上如果不知道税收风险，你永远都不会知道后果会怎么样。

——要问自己赚多少钱，先问自己要交多少税。

1.1 必须要充分认识企业存在的税收风险

提到税收，相信很多企业对税收有一种割舍不掉的情结，大多是恨，毕竟税收的高低会影响着企业收入的高低。

我之前一直从事税收筹划的研究，现在改行了。说句实话，我已经不经常去搞税收筹划，开始做税收风险研究。因为我觉得如果让一个企业健康起来，先让企业活下去，才会有后面的事情。现在有很多企业想方设法减少税收，这个想法很好，没有错。但是，想把税收减少该怎么做？怎么去运作？很多企业还弄不清楚，该缴的税不缴，不该缴的税乱缴。

我认为首先是不要缴错税。该缴的税要缴，不该缴的税坚决不缴；其次才是想方设法把该缴的税也省点儿下来。如果一个企业连健康的发展都不能保证，那么如何去面对更高的筹划呢！

所以，本书给大家的第一个任务是：改变想法。

我个人认为，税收不是用来算的，是用来管理的，而且是靠人去管理的。由于不同的人看待同一个问题的角度和思路肯定是不一样的，对待问题的看法也有自己的见解。所以一个企业能不能管好税收，关键是看管理者的理念和思路。企业管理者的眼光、思维和分析的层次应当是全新的。

我在给企业做培训的时候，经常问企业财务朋友一个问题：（举起一根手指）问他们这是什么？

有人说这是“1”，还有人说是手指！没错，这个答案只能说明你拥有普通的思维。事实上，这不是“1”，也不是“手指”，这是“天花板”，因为我是指向上方的天花板。如果现在我在墙上画一个手指头，在下面写WC，大概就不会有人说这是手指或者说这是“1”，这是表示再往前走就可以去洗手间了。

大家是不是要到每个月的15号才会想到公司税收的问题？是不是要等到税务人员上门才想到税收风险呢？如果有一天，你走到老板的办公室看到办公桌上放着一份合同，你的心里有没有想过：这个合同是否盖过章，和对方合作什么业务，自己要不要拿过来看看上面有没有在税收方面存在什么问题。你有这样去想过吗？或者说当你路过老板玻璃房办公室的时候，你远远地看到老板和销售总监在聊天，你在外面有没有犯嘀咕，他们又在商量销售合同的细节，或是又在弄什么营销策划方案，他的这个方案行不行啊，要不要去关注一下，看对公司的税收有没有影响。大家平时如果遇到刚才的情景时，有没有过像我刚才这样的想法，如果有，说明你在税收思维上，在税收关注度上提高了。要知道，税收对一个企业的发展非常重要，2013年中央电视台举办了一个论坛叫作中国上市公司高峰论坛，60%的上市公司都说他们的税负是净利润的6倍。这是什么概念呢？如果我们把他们的税省下一半，那么利润将翻3倍。而现在许多企业面临很多风险，例如，市场风险、经营风险、人事风险、安全风险等。这些风险都不太可能让你的企业立刻倒闭，但可能会让你的企业慢慢死去，税收风险的存在真的会让你的企业立刻倒闭。大家可能没有遇到过这样的事情，如果遇到这样的事情，那是无计可施。

在会计上有个恒等式：资产＝负债＋所有者权益，而我给税收也设计了一个恒等式：人“民”币减去“税”等于人“名”币。企业赚的钱再多也是人民的，是国家的，财富在缴税之前是人民的，交完税之后的钱才是自己的。如果税大于前面的被减数“人民币”，那么后面这个“人名币”就是一个负数，一分钱都没有赚到。所以说企业要想赚到更多的财富，就不仅要看有多少毛收入，更要看留下多少钱。创业容易守业难，而我说赚钱容易守财难。有很多老板整天不在公司，整天在外面出差，不断地开拓市场，但是到年底财务一结算，却发现不赚钱。有一次我在广州做培训，给一个总裁班讲课，有一个老板课后和我聊天说作为老板真的很累，如果不去开拓市场就没有钱赚，整天在外面跑，订单虽然接了不少，但是到年底一结算却是没钱，不知道为什么。我说原因很多，我当时和他讲了一个“木桶理论”：

一个木桶里装多少水取决于最短的那块板。这个木桶理论源自人力资源的理论，一个团队的创造力主要取决于能力的结构，不要因为一个人的问题而拖整个团队的后腿，但是如果木桶的木板都很高，水还会不会掉很多呢？答案是很有可能的，因为除了“短板”因素，还要取决于板与板之间的缝隙，而这讲的是一个团队的凝聚力，看似最坚强的堡垒很容易从内部攻破。把木桶理论用于财务方面同样存在“短板和缝隙”。现在一个桶的板都很高，板和板的缝隙都很紧密，当你不断往里面加水的时候，水看似越来越多，但是总有一刻水会瞬间流失，为什么？因为当你在不断地给木桶加水的时候，水会越来越多，重量会越来越大，这个桶的底部很可能在某一刻承受不住这个重量而坏掉，水会瞬间流失，而这个桶底就是个洞。如果一位企业家一直在给企业不断地增加订单，而不考虑企业内部管理、内部控制的承受能力，企业也会像上面的那个木桶一样承受不住而坏掉的。中国有句老话：一根稻草都能压死一只骆驼。公司的内部控制制度建好之后，只能与一定的市场相匹配。当市场变大、营销变强时，企业的内部控制能不能相适应，企业的内部控制能不能承受住这种压力，一旦承受不住，内部控制就失去了作用。所以，企业管理者必须充分认识到自己的企业每时每刻都存在税收风险。事实上，有效控制和规避税收风险，是每一个企业领导者义不容辞的责任！

1.2　化解纳税风险的“三部曲”

如何化解企业的纳税风险，很简单，只要学会以下三步，企业的纳税风险就会大大降低。第一步学会说“不一定”，第二步学会问“为什么”，第三步学会想“会怎样”。

首先谈谈第一步：学会说“不一定”。举个例子：假如你是财务处人员，公司的其他部门来财务处报销茶叶，该怎么报销？是计入招待费，还是计入福利费呢？说句实话，很多财务人员不一定会去问是哪个部门为了什么事情报销。有没有可能是食堂为了煮茶叶蛋而报销的？如果是食堂报销应该计入什么科目？如果你把茶叶都计入招待费，税前是肯定不能扣完的，如果计入福利费中就有可能在企业所得税前扣完，如果能扣完，公司的税就会减少。反之，税会增加。如果这个茶叶是应该计入福利费中的的，但你却计入招待费，就会导致公司把不该缴的税缴了，这才是风险！

再举个例子：如果我一个月中到某公司去了三次，公司的老板请我吃了三次饭，

在同一家饭店吃了三次同样的菜，这样就形成三张金额一样的餐费发票。现在老板让你报销这三张餐费发票，你应该计入什么科目？我相信很多人会计入“业务招待费用”，但是我想问一问，当时吃饭的时候你参加了吗？如果没有参加，你怎么知道是招待费用呢？其实，第一顿饭是我来你公司做培训时，你的老板请我吃饭；第二顿饭是因为你的老板觉得我的水平还行，正好公司遇到一点儿小问题，想请我来帮助解决一下，于是老板请我吃饭；而第三顿饭是什么原因呢？虽然我是做培训工作的，但是和你公司接触以后，觉得你公司的产品很棒，市场潜力很大，想做你公司在华东地区的总代理，现在来你公司考察磋商，这时你的老板又请我吃了一顿饭。这三顿饭的来龙去脉我给你讲清楚了，请问，你这时还认为应该计入招待费吗？相信这时应该有了正确的答案，第一顿饭是因为我来上课而发生的，应该计入“职工教育经费”中的其他费用，参照职工教育经费进行税务处理；第二顿饭是因为我来你公司做咨询的，应该计入“咨询费”中的其他费用，参照咨询费进行税务处理；而第三顿饭，是跟你公司的市场业务有关，应该作为“业务招待费”来处理。职工教育经费在企业所得税前是按照企业工资总额的2.5%的比例来扣除，因此有可能扣完；咨询费是允许在税前全额扣除不做调整，因此肯定能扣完。业务招待费是根据实际发生额的60%并且不超过公司当年销售额的5‰的比例抵扣。因此，业务招待费肯定不能在税前抵扣完。如果把刚才的三张餐费发票全部作为业务招待费来处理，企业是不是把一些能够扣除的费用由于计入了业务招待费而不能扣除，就三个字“多缴税”。有的人会说，你说的有一定的道理，但在实际工作中是行不通的，因为税务部门来公司检查，餐费发票一般都认作“业务招待费”，无论你计入哪个科目都没有用。企业究竟有没有证据证明这些餐费发票不是招待费呢？这就是我在后面要和大家分享的税收管理的“证据链”的问题。在这里，先请大家记住一句话，“如果你没有证据，在税务机关面前你将没有发言权”。具体情况将在后面进行讲解。

现在我提一个问题；假如有一天，你公司某个工作人员来财务处报销火车票，你认为应该计入哪个科目？答案是真的不一定！因为你还没有了解是什么部门、为了什么事情购买了这一张火车票，不同的原因可能引起的结果是不一样的。所以，财务人员在以后的工作中不要习惯性地去处理，先说“不一定”，给自己留一个进一步思考的时间和空间。

第二步是学会问“为什么”，正如上所述，你所看见的不一定是真实的。“不一定”只是一个起步，一个问题放在你面前不管有多么简单，你都不要第一时间说出答案，有可能你对这个业务的不了解导致信息缺失，很可能账务处理错误，所以第二步要问“为什么”。许多人把火车票计入差旅费，把吃饭的发票计入招待费，培训老师课酬应计入“职工教育经费”中的“培训费”，培训老师在公司产生的所有费用计入“职工教育经费”中的“其他”，如果你把火车票计入“差旅费”，所得税税前全扣完了，而这笔业务只能计入“职工教育经费”，计入职工教育经费就有可能抵扣不完，所以不该抵扣的公司却抵扣了，导致该交的税没有交。

换个问题，某单位的员工报销火车票，财务人员认为应该计入哪个科目？计入管理费用？不一定吧！这恰恰说明了单位内部财务人员的习惯，报销时不看事项看部门。

这个问题看似很简单，但是企业的很多风险是规避不了的，即使是会计师事务所上门审计，也不一定审计出来。因为会计师也需要成本，往往审计的是看有没有发票、发票有没有真假。没发票的抽出来，然后按照扣除比例计算一下，看你有没有超标，超标了调出来，他不会一张一张地问你是什么原因形成的，所以说真正的风险，不是纳税调整，而是你是否正确地处理了账务。我们很多企业在做企业所得税汇算清缴时，忙着填表，忙着调整，其实汇算清缴真正的第一大项不是填表也不是调整，而是看看你的账务处理有没有错误。任何一笔业务在会计上都有多种做账的方法，但在税收上只有一种处理结果，不会因为你做账方法的不同就带来税收处理结果的变化，你要想通过会计处理来改变税收，那就送你两个字“偷税”。

学会问“为什么”，可以了解事情的真相，但不能着急，还不能做账。还要想想第三步，这件事情“会怎样？”，所谓“会怎样”，就是想想这样的财务处理会引起怎样的税收结果？虽然这样的做法是正确的，但是按照自己的方法做下去，后果会怎样？真正的税收筹划，不是在税上作筹划，而是在业务上做筹划。要想改变税负就只能改变业务。做如果先前做好纳税规划，通过规划了解到笔者上完课之后要花多少费用，把这个费用计入职工教育经费就引起超标，不能扣完。

1.3 统筹考量企业经营才会降低纳税风险

前面和大家分享了规避纳税风险的“三部曲”，这足以说明企业的纳税管理需要一种管理思维，如果没有管理思维指导的方法，遇到问题才会想着去解决，那么只能是“亡羊补牢”。

有一家公司，经营不善，老板不打算再做下去了。公司人员可以走，但是公司却带不走。怎么办呢？把公司卖掉，卖公司就是通常大家所讲的卖股权。但问题来了，如果老板卖股权给第三方，那么第三方需要掏钱出来，而这个钱是进公司账户还是老板个人账户呢？其实问题很简单，老板转让股权是公司行为还是老板个人行为呢？应该是个人行为，所以这个钱是给老板个人，因为转让股权与公司没有任何关系。而此时公司需要做的仅是把“实收资本”的二级科目改一下股东的名字而已。老板要转让股权，需要定价，账面上资产是 2 亿元，负债是 3 亿元。这两个数据是账面价值，是历史成本，是很多年前形成的，如果老板以账面价值把这个公司的股权卖给某公司，这个公司会付给这个老板多少钱呢？不用给钱，卖家还要倒贴你 1 亿元，因为公司账面净资产是 -1 亿元。再想一想，如果老板真的以这个价格卖掉，税务局会答应吗？不会。其实真正的公司股权到底值多少，并不是按照账本上的数据来定价的，而是要对公司的资产进行评估，算出资产和负债的公允价值，以净资产的公允价值来定股价。国家税务总局公告 2014 年第 67 号《股权转让所得个人所得税管理办法（试行）》第十二条规定，股东申报的股权转让收入低于股权对应的净资产份额的。其中，被投资企业拥有土地使用权、房屋、房地产企业未销售房产、知识产权、探矿权、采矿权、股权等资产的，申报的股权转让收入低于股权对应的净资产公允价值份额的，视为股权转让收入明显偏低，税务机关有权重新核定股权转让的计税收入，不会按照你的实际转让价格缴税。除非你有正当理由，这些理由包括以下几项：

（一）能出具有效文件，证明被投资企业因国家政策调整，生产经营受到重大影响，导致低价转让股权；

（二）继承或将股权转让给其能提供具有法律效力身份关系证明的配偶、父母、子女、祖父母、外祖父母、孙子女、外孙子女、兄弟姐妹及对转让人承担直接抚养或者赡养义务的抚养人或者赡养人；

（三）相关法律、政府文件或企业章程规定，并有相关资料充分证明转让价格合理且真实的本企业员工持有的不能对外转让股权的内部转让；

（四）股权转让双方能够提供有效证据证明其合理性的其他合理情形。

很显然，该公司的股东股权转让并不具备上述理由。同时该管理办法第十四条规定：被投资企业的土地使用权、房屋、房地产企业未销售房产、知识产权、探矿权、采矿权、股权等资产占企业总资产比例超过 20% 的，主管税务机关可参照纳税人提供的具有法定资质的中介机构出具的资产评估报告核定股权转让收入。

因此，只要公司拥有的土地使用权、房屋、房地产企业未销售房产、知识产权、探矿权、采矿权、股权等资产占企业总资产比例超过 20% 时，就应该对该公司净资产进行评估，以评估的公允价值决定转让股权的股价。

资产评估就有可能导致资产增值或贬值，而负债有可能降低。因为负债会随着时间越来越弱化，因此都要算出资产和负债的公允价值，然后算出净资产的公允价值。国家规定股权的转让价值不得低于净资产的价值来转让，而不是根据账面价值来转让。于是这位老板找人来评估，这个公司没什么其他资产，只有一栋大楼，一块地，账面价值是 2 亿元，评估后资产公允价值 5 亿元，那么负债是 3 亿元，则公司净资产就是 2 亿元，然后老板就以 2 亿元的股权转让价成交。

新老板接管公司后，到财务处翻开公司的账本，发现账册上显示土地房产资产仍然为 2 亿元。而新老板买下公司的原因是看中了那块地皮，他想在这块地上搞开发，但两年多都没审批下来。虽然新老板两年来一事无成，但是土地经过两年的时间又升值了，经过评估后，现在土地值 7 亿元，而负债还是 3 亿元，如果现在老板转让股权，会卖 4 亿元。而老板当初得到这个公司花了 2 亿元，现在卖的话就是 4 亿元，一进一出赚了 2 亿元，这 2 亿元是个人转让股权所得，须交个人所得税 20%，即交 4 000 万元。但这位老板认为公司还有3亿元的负债，这3亿元的负债在以后的5年内是不用偿还的。于是新老板决定不卖公司，而是卖土地。

由于土地是属于公司的资产，这7亿元就自然进入公司账户。而这个公司依然在新老板名下，只是这个公司只剩下一张营业执照和7亿元的资金。如果5年后公司拿出3亿元把债务还清，公司的最后剩余价值还有4亿元，这时候新老板把公司注销，最终新老板个人分到手的钱是4亿元，这样和新老板转让股权所得的资金是一样的。因此，新老板无论是卖股权还是卖公司资产，最终到新老板个人手里都是2亿元。但是卖土地是公司行为，公司以7亿元的价格卖掉土地，就需要开发票，还需要缴纳营业税5.5%，即要3 850万元缴纳的营业税。土地增值税也要缴纳，这次交易公司账面就显示土地增值了5亿元，而土地增值税的高低是依据土地的增值率来计算的，采用超率累进税率，增值率是250%，250%的增值率适用45%的税率，算下来就是2.25亿元的土地增值税。由于卖土地是公司的经营行为，公司就产生经营所得，所以还要缴纳企业所得税，由于公司当年没有其他业务，唯一的业务就是卖地，因此土地收入、土地成本就是公司当年的收入成本，卖价7亿元，土地成本2亿元，上缴营业税后，公司当年的利润是2亿元，按照25%的企业所得税税率，需要缴纳5 900多万元的企业所得税。最后总共缴纳了3.5亿元的税。

这是一个真实的故事。通过这个故事我们要学会反思，如果老板一开始就有税收风险意识，那么他是绝对不会选择卖资产这个方案的。这个案例是希望大家多问“会怎样”。如果不知道有什么风险，就永远不知道后果会怎样。

我在湖南长沙讲这个课，有位财务人员第一天上午来听课，但下午没有来，第二天上午又来了。我就问他为什么。他说："昨天在课堂上听了那个卖土地的案例之后，就开始担心，因为公司正在做这件事情，昨天回去之后马上跟老板沟通。"原来，他的老板要从别人那里买一块地，当然那个公司也没有其他资产，只有这块地，因此可以选择两种方案：买股权和买地。买股权就是控股，从而就可以以那个公司的名义开发这块地。如果现在买地，不管这块土地当时花多少钱买的，公司账上记的还是这么多钱；如果买股权，花的钱再多，这个钱都是被原公司老板拿走，一分钱都没进公司。或许这块地是他10年前花2000万元买的，但现在这块地公允价值值2亿元，他如果把2亿元的股权卖给我，则我也是拿出2亿元，然后翻开公司账本，显示土地成本只有2 000万元，而我则花了2亿元，如果我将这块地搞开发，将来变成物业并卖掉，假定卖了3亿元，如果不考虑中间的开发成本，我实际上只赚了1亿元，但是税务行政部门会认为我赚了几亿元呢？认为我赚了2.8亿元。因此，选择买地还是买股权须知得到这块地的目的，如果得到这块地后是为了搞开发，那么将来要不要形成收入，既然后面形成了收入，那么，我们要不要关注前面的成本，最起码不能让它多加，至少我花多少钱就要确认多少成本，基于这样的目标当然选择买地。而那家财务人员的老板是为了将来搞开发，老板想买

股权，那位财务人员听完我的分析后觉得买地好。于是，回去马上和老板沟通。后来我问他沟通结果如何，他说：“不行，老板说如果现在要买地，公司要缴纳4%的契税，买股权就不用缴纳契税。”4%的契税是800万元。800万元对一个企业来说，不算一个小数目，老板还说，“这个方案是一家税务师事务所给他提供的，买地要缴纳契税，买股权不用缴纳契税。”我就和那位财务人员说，他的老板现在哪怕去借高利贷也要买地。为什么？因为买了股权就不能调整土地的成本，要搞开发，将来是要形成收入的，收入减成本要缴纳企业所得税，还要缴纳营业税、土地增值税，现在为了省800万元，最后你多交了8 000万元，太亏了。当然如果这位老板买这块地不是为了搞开发，是为了扩大规模，扩大经营，在这块地上建设厂房、仓库，大多数认为应该买股权！老板要扩大规模，扩大经营，很有可能在不久的将来要谋划上市，如果上市，则会将公司的资产进行评估，这块地是通过收购股权而获得的，是他花2亿元买来的，但是账本上显示的土地成本是2 000万元，哪怕经过两年后重新评估，把这块地评估为3亿元，实际上经过这两年这块地只增值了1亿元，但是这块地是从2 000万元评估到3亿元的，因此虚增了1.8亿元，资产评估增值也要缴纳企业所得税。增值之后，你要把这个钱放到资本公积，在把资本公积的钱转增资本时，老板也要缴纳个人所得税。因此，你要为了这个不存在的利润，不存在的增值缴纳25%的企业所得税，缴纳20%的个人所得税，总共要缴纳45%的税。那么，到底是买地好还是买股权好呢？不一定。只有不一定才是正确答案。

所以，通过刚才这个“先说不一定，再问为什么，问完为什么，然后去想会怎样，如果没有安全隐患就这样处理，你肯定会实现第四个，即不后悔。

风险不可怕，可怕的是风险的存在你不知道，这才可怕。现在很多财务人员不知道企业哪里存在税收风险，很多财务朋友参加各类培训，希望老师多讲案例。我每次课会讲200个案例，提出问题，并告诉学员这个问题怎么解决的。学员最多也就听200个故事而已。有没有学到老师是怎么从这个问题得到这个答案的，老师是怎么思考的，这才是真正需要学习的，也许我只给你讲一个案例，但是我这个案例会告诉你怎么去思考，用什么角度去切入，你只要掌握一个方法，就可能用这一个方法解决公司许多实际的问题。所以大家要学的是方法、是思维、是理念，并不是老师给你讲的每一个案例本身。即使这个案例跟你公司的情况是一模一样的，但是由于公司老板的目标不同，其做法也是不一样的，你只要学会分析，学会思考买地是什么原因、买股权是什么原因，然后通过各种情况和老板的目标结合，就能得出一个正确的答案。

第二章

纳税预算是化解企业纳税风险的良方

——人算不如天算，天算不如预算。

——通过预算，可以让你提前一年知道你公司来年是否会引起税务行政部门的关注。

——财务最大的问题不是税收政策掌握多少，而是公司的业务是否能准确识别。

2.1 引入企业纳税预算，降低企业纳税风险

纳税预算是企业通过业务和税收的预算，提前知道企业未来年度的税负等各种指标。全面预算就是为此而进行的一项工作，很多企业已经有了全面预算。

什么叫作全面预算？它是企业在一定时期内（一般为一年或一个既定期间内）的各项业务活动、财务表现等方面的总体预测。它包括经营预算（如开发预算、销售预算、销售费用预算、管理费用预算等）和财务预算（如投资预算、资金预算、预计利润表、预计资产负债表等）。全面预算各种表编好后，就能形成3张财务报表。只要对全面预算认真执行，严格执行，那么预算形成的财务报表和最后业务形成的3张财务报表应该是一样的，或者说大致相同，当然前提是认真严格执行公司制定的全面预算计划。假如公司实施了全面预算，通过这些数据就知道下一年公司的销售额，只要公司认真执行全面预算，那么实际数和预算数应该接近。

预算表中有采购额，我们可以用采购额乘以17%（也有可能是其他税率）得出进项税额，销项税额减去进项税额得出增值税额，用增值税额除以销售额得出增值税的税负率。这个税负率应和明年完成计划算出的税负率基本相同。假如公司行业预警值是5%，行业预警值是7%，一般来说这是安全的。至少被稽查的风险小，但

是这种安全是用一定的代价换来的——你要比同行业多付两个点的税。因此，现在可以形成一个想法，就是明年工作时要把税负率往下降两个点。要想降低税负率，简单的方法就是降低销售额、增值额，虽然这样可以降低税负率，但是你的目标利润就不能实现。我们的任务是在目标利润不变的情况下销售额还是那么多，那么该如何降低呢？例如公司现在采取现金折扣方式，卖一批100万元的货物，30天之内还款可以享受3%折扣，30天之后全额付款。如果客户在30天之内还款，则公司的收入是97万元，30天之后收入是100万元。无论是97万元还是100万元，公司的销项税额是用原价100万元乘以17%计算，也就是17万元，因为现金折扣是以原价计算税的。

我们可以发现，在现金折扣下，即使公司的销售额是97万元，但是销项税额是按100万元来算的，这就导致销项税虚增，那么这部分空间我们可以利用吗？最起码公司收到97万元按97万元算，收100万元按100万元算。这其实很简单。

我们可以换一个方案：公司的货物卖97万元，但是合同约定对方的还款期限只有30天，30天之内还款是履行合同，30天之后还款是违约，并且支付违约金3万元。跟刚才第一个方案相比，现在销售额是97万元乘以17%，销项税变少了，但是销售额没有变。如果30天之后付款，收100万元，违约金3万元就属于价外费用，公司的销项税额可按100万元计算，这样我们可以保证目标经营利润不变，但是税负降了下来。

通过预算可以让你提前一年知道公司明年是否会引起税务行政部门的关注。税负率仅仅是税务机关给企业定的风险参考指标，并非公司税负率低，公司就有问题，也不能说公司税负率高，就没有问题。如果现在公司面临税负率低于行业预定值的情况，一是想办法多缴税，把税负率提上去。但多缴税也不容易，产品必须要卖更高的价格。价格太高，买家就不一定干了，买家不干了，连销售额都没有了。要想增值税多缴纳，唯一的办法就是进项税额不抵扣，放弃抵扣。当然你不愿意。

2.2　纳税预算表的设计是纳税预算的关键

有人说纳税预算就是根据企业销售额乘以 17%，算出销项税；用公司采购成本乘以 17%，算出进项税。其实没这么简单，因为影响公司销项税额的不仅仅是销售额，还有很多方面，如果仅根据销售额乘以 17% 来预计公司明年的销项税额，那么最后的实际花费与预算就会相差很远。

我们来看看下面的这张表，这是我设计的一张有关销售的纳税预算表。

季　　度	一季度	二季度	三季度	四季度	全年
预计销售量（件）					
预计销售价格					
销售收入					
价外费用 现金折扣 商业折扣 销售退回 ……					
增值税销项税额					
消费税					
营业税					
城建税及教育费附加					
印花税					
其他税费					
合计					

这个表前三行分别为预计销售量、预计销售价格和销售收入，属于传统全面预算的数据内容，而这三行以下的内容是我自己添加的，如果内容不增加而直接用销售收入乘以17%，只能得到粗略的销项税额。然而完美地编制出这张表还是有难度的，比如，当你不知道“价外费用”会对计算销项税额有影响时，你就可能不会把“价外费用”设计在这张表格中。即使你知道价外费用对销项税额有影响，在编表时把表格增加一行，增加了“价外费用”栏次，但你如果不知道公司哪些费用叫作“价外费用”，那么也不会把这笔钱放入表格中。

因此，想要公司运用纳税预算的管理模式，需要三个前提。第一，公司要实施全面预算；第二，要了解公司具体的动作模式；第三，要了解每种动作模式对企业税收的影响。财务人员需要了解哪些经营活动或哪些资金的收支会对计算销项税额和进项税额产生影响，比如这张表格里的价外费用、现金折扣、商业折扣、销售退回等都对公司当期的销项税额产生影响，有的使销项税额变多，有的使销项税额变少。因此，如果我们仅仅是对销售做纳税预算，应该尽可能多地考虑到对销项税额高低产生影响的各种活动，把预算表设计好。

表中的数据来自我们的经营活动，比如把货物卖给客户时，包装物收取的押金在账上挂的是往来，经过一年之后，而包装物的钱一直没有退还，现在账上挂的还是往来，但包装物押金已变成价外费用了，需要计算销项税额。可见即使你之前编制的预算表很好，很完美，但如果不知道这项账款已经变作价外费用了，你就不会将这笔资金的数据填入预算表中。如果我们财务人员真的做到纳税预算，其理论和实践水平一定很高，为什么呢？因为他要了解这个公司和这个行业具体的操作模式，同时还要了解这个操作模式在税收上是如何规定的及如何影响税负的。

当然，本书我会尽可能地告诉你每种税收模式有哪些规定、有什么风险及如何防范。我将从公司设立开始，结合公司的采购、生产、销售、分配、投资及退出等整个公司流程所碰到的问题和大家交流分析，并举例。

再来看看采购的纳税预算。我也设计了一张采购纳税预算表，如下表所示。

季　　度	一季度	二季度	三季度	四季度	全年
预计生产量（件）					
材料单耗					
预计生产需用量					
加：期末存料量					
预计需要量合计					
减：期初存料量					
预计采购量					
材料单价（元）					
预计采购金额（元）					
采购运费					
其中：内河公路运输的运费					
远洋运输的运费					
其他因采购而发生的进项税额					
发生的增值税进项税额					
平销返利金额					
平销返利金额冲减的增值税进销税额					
可以抵扣的进项税额					
不能抵扣的进项税额					
印花税					
其他税费					

当然我这个表格设计得比较简单，不是很全面，主要是为了便于说明。大家只有通过全面预算的具体操作，才能知道在材料采购中需要花多少钱，并且认为这个钱是实际花出去的钱。我在表格中加了一个采购运费，为什么把采购运费单独列出呢？因为在全面预算里，很可能把运费放到材料采购成本，但交通运输已经全国营改增，增值税的税率是11%，首先看看你的公司拿到的这个运输业发票是增值税专用发票还是普通发票，这将直接影响进项税额是否抵扣。如果拿到的是增值税普通发票，那么运输发生的进项税额是不允许抵扣的，但如果你放到采购成本中，很可能这个表格就按照货物的采购价一起抵扣了。即使拿到增值税专用发票，抵扣的增值税进项税额也只有11%。如果拿到的是运输业小规模纳税人到税务行政部门代开的增值税专用发票，仅能抵扣3%。

另外，我还在这个表里增加了一个平销返利，平销返利是指买家向卖家买货，买到的数量如果达到了卖家的要求，到期末或年末时，卖家会向买家按照合同总金额的一定比例返还部分的收益，这就是买家取得的平销返利。但买家拿到的平销返利要不要缴税呢？举个例子，甲是卖家，乙是买家，乙从甲那里进货100万元，因此甲给乙开了增值税发票售价100万元，如果售价100万元，乙的进项就是17万元，那么甲的销项税额就是17万元，但由于乙向甲买的货物数量达到了甲的要求，因此甲按照合同，以销售额 10% 的比例向乙返还了 10 万元，甲的销售额就是 90 万元，那么乙拿到这 10 万元要不要缴税呢？

国家税务总局在 2004 年颁布了《关于商业企业向货物供应方收取的部分费用征收流转税问题的通知》（国税发〔2004〕136 号），文件规定：企业向供货方收取的与商品销售量、销售额挂钩（如以一定比例、金额、数量计算）的各种返还收入，均应按照平销返利行为的有关规定冲减当期增值税进项税金，不征收营业税。如果取得的返利是实物资产，应按照发票票面价值或货物的公允价值（无发票的实物）计算。计算公式调整为：当期应冲减进项税金 = 当期取得的返还资金 ÷（1+ 所购货物适用增值税税率）× 所购货物适用增值税税率。

这个规定应用到上面的案例，其公式就是：1.45 万元 =10÷（1+17%）×17%。公式中的“1.45”就是“当期应冲减进项税金”。

另外，商业企业向供货方收取的各种返还收入，一律不得开具增值税专用发票，由销售方开具红字发票。

文件中指出平销返利具有两点特征：第一，平销返利是卖家给买家的；第二，这个钱款数目跟双方签订销售合同的销售量或销售额挂钩，也就是按照一定的比例支付。双方不管这笔钱名义上被称为什么，例如，上架费、仓储费、入库费，质检费等，只要这笔钱是卖家给买家的并且这个费用的金额与双方购销合同中的销售量、销售额挂钩，我们就认为是平销返利。买家按照规定的计算方法抵减买家可以抵扣的进项税额。下面举例来说明。

A 公司向 B 公司购买货物，但每次 B 公司都不能及时交货，A

公司有两个闲置的仓库，这样A公司缺货时就可以直接从仓库提货，比较方便。每个月结一次账。假如某月A公司拿走200吨货，销售额为100万元，B公司开给A公司100万元的增值税专用发票，A公司支付B公司100万元。但B公司提出租金按照A公司每月从仓库拿走的货物销售额的2%来计算。如果A公司从仓库拿走100万元的货按2%来计算，B公司付给A公司2万元的租赁费。于是到下个月，A公司从仓库提走100万元的货，B公司付给A公司2万元的租赁费，A公司应该付给B公司100万元，但A公司说用仓储费2万元抵货款，支付98万元。但是B公司发票额不能开98万元，不然就是隐匿收入了，因为出库量和单价都有记载，于是B公司开给A公司100万元的发票，A公司开了2万元的仓储费发票给B公司，于是A公司就需要根据所开的租赁费发票缴纳5%的营业税。

但国税行政部门认为这个租赁费是卖家给买家的，而且这笔钱的多少也与销售量、销售额有关。于是国税行政部门就认为这笔租赁费属于平销返利，买家应该用2万元÷（1+17%）×17%=0.29万元冲减自己公司的进项税额。如果你公司做了纳税预算，就有可能认为这部分钱是租赁费，即使纳税预算表中有“平销返利”这个项目，估计也不会填进去。所以说编制好纳税预算表是不容易的，填写正确更是不容易，这就要要求大家不仅对业务熟悉，更要对税法的规定有详细的了解。最后我们会编制各类税金的汇总表，通过企业税金汇总表，我们可以了解到未来年份企业应该缴纳的各种税金情况。

前面介绍了税负率，但是税务行政部门给公司的考核不仅仅只有税负率，还有很多的指标。再结合当地的各种指标，通过各种指标参数对表中的数据进行分析，看看明年按照预算执行下来到底会不会引起税务行政部门的警觉。

举个例子，会计工作都有报表分析，如获利能力分析、偿债能力分析、盈利能力分析等，税务上的分析用公司的存货数除以实收资本数是什么意思呢？在财务报表中没有这项指标的分析，但是在税务上可以用这两个资料来发现你们公司存在的问题。假如一家公司没有外债，那么公司的资产数和实收资本是不是一样的？当然是一样的。那可不可以用实收资本的全部资金去买原材料？就算真有这样的人这样做了，那么这项指标的最大值也应该是1。资产数和实收资本的比值不可能超过1。如果说这项指标没有超过1，而是达到60%、70%或80%，那么这些指标都挺高，而且是不正常的。我们认为50%以下才正常，因为还有固定资产、流动资金等，但是某企业存货数与实收资本的比值达到78%，说明这家公司的账上有大量的存货。为什么会有这么多存货呢？很简单，说明这家公司存货没有结转成本。为什么没有结转成本呢？我们可以怀疑这家公司没有确认收入。

虽然用刚才的方法编制纳税预算可能难度比较大，但我建议大家可以先编制专项纳税预算。什么叫作专项纳税预算？就是每做一件事情，就对这个事情做纳税预算，前面那些表格是年度纳税预算，编那些表格确实比较难。做专项纳税预算难度相对要小得多。比如，现在公司买固定资产，在买之前公司先预算一下。第一，购买成本发生增值税进项税额可抵数额是多少，所得税有没有优惠。比如，节能节水、安全生产就有优惠；第二，企业所得税讲的计税基础和会计上的账面价值，这两个概念是不一样的。因为会计上买这个固定资产时，产生的成本叫作入账价值，而会计上的折旧费是按照入账价值来折算的。但是税法上允许税前扣除的折旧费并不是按照入账价值来折算的，而是按计税基础来折算的。但很多企业在所得税汇缴时，在税前扣除折旧费的时候，直接按会计的折旧费来减，也没有去做纳税调查。

另外，公司买土地，买房屋不动产，也可以编预算。像那个财务人员的老板，是买股权好，还是买公司买土地好，就需要专门有个预算，这个预算也称为筹划。筹划和预算不一样，因为只有通过预算，才知道值不值得筹划，需不需要筹划。如果需要，还要知道筹划点在哪里。

通过前面的内容，把纳税预算这个概念和大家做了分享。关键是预算编制完成后，我们在实施中应该如何保证这个预算能够顺利地执行。中国有句老话，“计划计划墙上挂挂”，千万不要预算预算只是算算。曾经有一家天津的民资企业，因为经营不善、严重亏损，怎么改革都不行，后来公司老板就把公司卖给了一家日资企业。日资企业只是做了几个重要人员的变更，并延续了原来的公司制度，但是日资企业执行力相当棒，这个企业两年不到，扭亏为盈，并且获利。大家都知道，日本公司有5S管理，还有7S管理。这个理论再好，学了不执行也是白学。

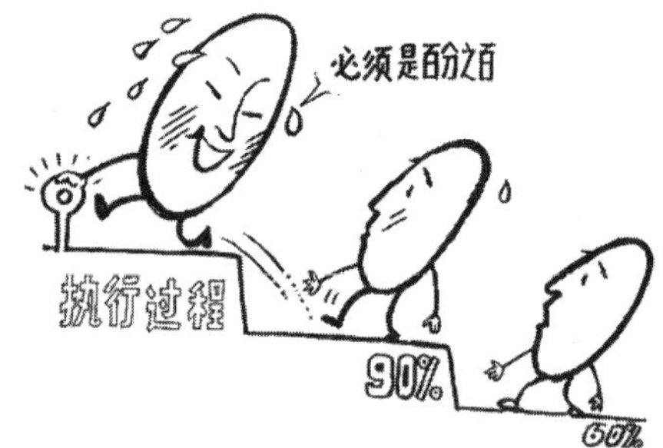

第三章

强化企业纳税管理的六脉神剑

——税收多少不是来自财务，而是来自业务，要想改变税负，只能改变业务，而不是分录。

——给我一匹马，我要去北京。其实我要的不是马，我要的是去北京的方式。

——四世同堂，五流汇通，通则不痛。

3.1 如何搞清楚业务流程与企业税收的关系

纳税预算怎么执行呢？执行需要机制，包括制度和措施。接下来，我想和大家分享在纳税预算执行中，我们需要关注的六个方面：业务流程的设计与运用；业务契约的设计与运用；业务转化的设计与运用；系统考虑的设计与运用；主体协作的设计与运用；利益博弈的设计与运用。如果能够真正在实务中把这六个方面落实到位，对公司风险的降低、利润效益的提升会有很大的帮助。

第一个就是如何搞清楚业务流程与企业税收的关系。

其实我刚才也说了，税收筹划真正的意义是业务筹划。如果仅仅在账务上做文章而不去改变业务，你永远都是在偷税逃税。很多人喜欢通过做分录来改变税负，这是不对的。为什么呢？假如把我的身体比作业务，那我的影子就是分录，我的身体动了影子也会动。也就是说业务变了，分录才会变。对于某项业务来说，通过分录去做另一个分录，想通过其他分录来反映这项业务，那只能提供假的票据。所以要想改变税负必须改变业务，改变经营操作的流程。

这里有个案例。湖南长沙某房地产公司想买一块地，与别人合资建一座四星级酒店，将来搞经营。我们先来思考一个问题：房地产开发商能拥有“酒店经营管理”这样一个经营范围吗？其实开发商可以增加一项经营范围，酒店经营管理可以有的。但是，在实务中很少有开发商专门组建酒店管理部，这不大现实。开发商要么成立一家独立的酒店经营管理公司，要么把大楼建好请国际管理品牌来帮他经营管理，毕竟自己不是搞专业的。但是开发商认为这个大楼可以建，建这个楼就需要地，有如下 3 个方案。

先来看方案一。下图是方案一的运作流程图。

第一，房地产公司去买地，房地产公司通过“招拍挂”拿到地皮了，还要缴纳契税。只要房产地产过户就要缴纳契税（说明，有些情况土地房产过户可以免缴纳契税，具体情况大家可以看看财税〔2015〕37 号文件的规定，财政部、国家税务总局关于进一步支持企业事业单位改制重组有关契税政策的通知）。

第二，地皮拿到了，开发商出资把大楼建起来，大楼建好后产权在开发商名下。

第三，开发商又出钱成立一家酒店管理公司，为了保证经营权和所有权一体化，开发商把大楼投资进去，用不动产对外投资，投资方共享收益、共担风险是可以免营业税的。

如果联营的双方都不是房地产开发企业，还可以免土地增值税，但双方只要有一家是房地产开发商的话，就不能免土地增值税，因此拿不动产去投资不能免土地增值税，因为它本身是一家房地产开发企业。那么酒店管理公司拿到了房产和地块要缴纳契税，因此，需要交两道契税一道土地增值税。

再看看方案二。下图是方案二的运作流程图。

第一，还是房产公司参加“招拍挂：拿地和方案一中一样需缴纳契税。

第二，用土地投资成立一家酒店管理公司，免营业税，但不能免土地增值税，酒业管理公司拿到地再缴纳契税。但是用酒业管理公司的资金来建房产，就是自建自用。方案二也是两道契税、一道土地增值税，但是税款却少了一半。因为刚才过户的是土地加房产，现在只是过户土地，因此房产相关的利益没有去缴税。

再看看方案三。下图是方案三的运作流程图。

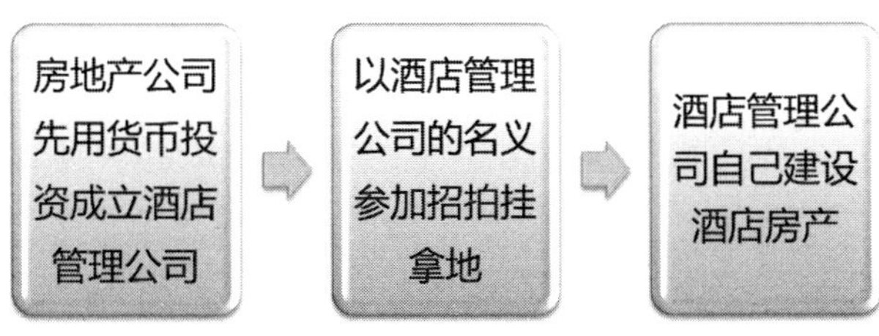

第一，房产公司用现金成立一家酒店管理公司，这个公司用钱去投资只需要缴纳一道印花税，因为要签订协议。然后以酒店管理公司的名义参加“招拍挂”去拿地，酒店管理公司拿到地缴一道契税，这块地就到酒店管理公司的名下了，然后酒店管理公司再出资建酒店房产，自建自用。由于没有土地过户，没有房产过户，所以只缴纳一道契税。

从上述可以看出，流程不一样，税就不一样，但结果是一样的。

上次有个做财务的朋友跟我说，“老师，你的方法真好，我当时没想到，因为我们觉得我们有房地产公司，当然是房地产公司建房子”。我问：“谁说的？难道你有房地产公司只能房地产公司建房子吗？”接着我给他举了一个例子，湖北一家集团公司，总部旗下有一块地，总部想搞开发但没有开发资质。总部下面一家子公司是开发商，总部就先把这块地投资到开发商名下，投资不需要缴纳营业税，但土地增值税、契税呢？开发商把房子建好后卖掉了，再把钱通过撤资或分红的形式给总部，这不是多此一举吗？开发商为什么要这么做？总部来建不行吗？开发商说总部没资质。总部没资质不能委托开发商来代建吗？只要向开发商交管理费即可，委托代建或联营都可以。因为地产过户了就要缴税，所以刚才的思路就是习惯性思维——要开发找开发商。常规的思维肯定没有错，但是越常规的思维，可能越要付出更大的代价。开发商又说，老师的方法是好的，但是现在这个地我们已经是以房产公司的名义买下来那块地了，大楼都快要封顶了，怎么办？其实好歹还有挽救的机会，有些根本就没有挽救的可能性。方法是继续由开发商建设开发，建好之后开发商去增加一个经营范围——酒店经营管理。以开发商的名义经营管理酒店。经营两年后再进行分立，由于公司分立引起相关流动资产、土地或房产变更是免营业税、免土地增值税的。相关文件是国家颁布的财税〔2015〕5号文，《财政部、国家税务总局关于企业改制重组有关土地增值税政策的通知》规定：改制重组有关土地增值税优惠政策不适用于房地产开发企业。还免契税。相关文件是《财政部、国家税务总局关于进一步支持企业事业单位改制重组有关契税政策的通知》财税〔2015〕37号第四条规定：公司依照法律规定、合同约定分立为两个或两个以上与原公司投资主体相同的公司，对分立后公司承受原公司土地、房屋权属的情况，免征契税。分立事项工作量比较大，但只有这样才能挽回一些税收成本。所以说流程必须要事先就规划好。虽然这个案例比较简单，面不是很广，应用的范围不是很广，但是通过这个案例想告诉大家的是，做一件事情至少有几种方法。

3.2　如何确保签订的合同在税收上无风险

好的合同是怎么做出来的呢？其实很多公司的运作都是事先通过合同签订出来的，因此签订一份好的合同将决定到整个公司的运作。下面和大家分享一下如何签订优秀的合同，确保在税收上不出事儿！

很多业务都是双方按合同去执行的，所以说真正的税收管控要落实到合同，但企业没有一份合同是财务处签署的。

相信很多企业有法律顾问，企业签订合同往往都要经过法律顾问审核！但是如果仅仅相信法律顾问是绝对不够的！不能说法律顾问作用不明显，但法律顾问审核的角度不同？合同引起的税收成本很少去考虑，即使考虑了，也不专业。所以说企业签订合同时既要听法律顾问的还要听财务的，在各项法律上都没有风险的合同才是一份好的合同。下面我们先看看案例，看完这个案例就知道合同的重要性了。

A 和 B 是关联方，A 借给 B 1000 万元，B 做“借：银行存款，贷：其他应收款”，挂往来账，双方没有签订借款合同，很多关联企业

相互借款很少有签合同的，认为都是一个老板，没必要，如果遇到稽查人员，看到账册上多了1000万元，会这样问，“这1000万元哪来的？”你怎么回答？你肯定说“是借来的啊？”稽查人员追问，“你有证据证明是借来的吗？”“我可以认为这1000万元是那个公司捐赠给的。”他可以这样说。你肯定会反驳，还会出示分录说分录挂的是往来账，但这是自己做的账。所以说没有合同就说不清这个事情的来龙去脉。

再举个案例，甲企业2010年度销售收入6 000万元，为提高其产品市场份额，扩大产品销售，提高企业知名度，委托乙广告公司聘请国内知名明星担任代言人拍摄产品广告，并在国内电视媒体播放，根据甲企业客观估计，广告投放后预计可以实现销售额达到1亿元，但是广告公司的报价是1 800万元，其中明星代言费是1 000万元，电视台的发布费是600万元，自己的代理费用是200万元。如果按照这个方案去签订合同，甲企业要支付1 800万元。广告公司要给甲企业开具广告业增值税专用发票1 800万元，即使将来广告投放后实现预期销售1亿元，但广告费最高是按照公司当年的销售额的15%的比例在税前扣除的。一亿元的15%才1 500万元，而这一笔广告费就有1 800万元，因此要纳税调增300万元，要交75万元的所得税。

对于乙企业，开具的1 800万元的广告业发票要计算6%的销项税，3%的文化事业单位管理费，共162万元！还要付600万元给电视台，1 000万元给明星，电视台可以给它开发票，但明星只能开具劳务票，能抵扣吗？不能抵扣。那么改一改合同，乙企业把这位明星介绍给甲企业，让甲企业跟明星直接签订合同，由甲企业付1 000万元给明星，然后与广告公司签800万元的广告费，这时候甲企业入账的广告费只有800万元，在税前能扣除，而明星的收入是税前收入，帮他垫缴税也是个人承担，因此拿到的发票是劳务费，劳务费能在企业所得税税前全部扣除，甲企业就不会超标了！由此可见合同的签订是非常有讲究的。

3.3 如何运用业务转化的思维实现多方案提供

第三个模块就很重要了，就是如何巧妙地运用业务转化的思维实现多方案的提供。怎么才能签订好的合同才是关键，因为税收高低决定流程，流程由合同决定。在这里我跟大家分享一种思维，叫作业务转化，即如何从这项业务转化为另一项业务，而这两个目标能实现同一个目标。

西方有句谚语，叫作“条条大路通罗马”，在这句话的后面我又加了一句话，那就是“条条大路通罗马，但是谁也不知道那条路的路况怎么样！”你想不想找一条路况好、不堵车，最好也没有收费站的路呢？因为所有的路都能到达罗马，这条路也不例外，更何况这条路的路况是那么的好！所以，业务转化模型的思路就是目标是唯一的，但实现这个目标的方法有很多种，你只要在这些方法中找到一条适合你的方法，就能实现目标、由此可见，转换思想不仅是一种创新的思维，还蕴涵着一种大智慧。怎么找到好的方法呢？很简单，只要找准目标，方法自然就出来了。但是如果目标找错或者定窄了，实现这个目标的方法也就错了或者偏了！比如，一位男子现在喜欢一位美貌的姑娘，因此给自己定下目标：要和姑娘在一起！请问要想实现目标有几种方法呢？一是姑娘嫁给男子。二是男子嫁给姑娘。三是即使不娶不嫁也能在一起。现在实现这个目标至少有三种方法了！但是如果男子把目标定为“我们结婚”，那实现这个目标的方法只能有两个，一是姑娘嫁给男子，二是男子嫁给姑娘。当然，如果男子把这个目标定为“我要娶她”，那实现这个目标也就只剩一种方法——姑娘嫁给男子！目标定的不同，实现目标的方法是不同的！

我再举个案例：假如我跟一家公司签订一份借款合同，从那家公司那里借了 1 000 万元，请问我跟他们公司合作，我的目标是什么？相信有人会说，你的目标就是借 1 000 万元。再请问如果基于这个目标，用什么方法实现呢？想来想去，要实现这个目标，要么抵押借款。要么信用借款，再要么担保借款，你可以发现，无论用什么形式都离不开“借”。其实合作目标不是跟它借 1 000 万元，而是从它那搞到 1 000 万元。请问，这时你的思维是不是拓展了，通过合法地借 1 000 万元，吸收投资 1 000 万元也可以，当然，如果对方送给你 1 000 万元也行！方法是不是变多了。为什么我们的思维没有拓展开来呢？因为在谈判时，对方会首先提示用一种方法来跟你合作，即对方的提示让你限制了思维。下面我用实例来给大家演习一下工作中合同是怎么签订的。

假如有一天我发现某家公司有几个仓库一直空着，而我的单位最近订单比较多，仓库都装满了，要出去找几间仓库来放存货，于是找到这家公司的销售部老王商量，准备租他们的仓库一年。

后来老王跟老板请示后，老板同意了，于是双方就签订了一份仓库租赁协议。很多企业签订合同都是这样形成的，先双方聊，然后跟老板汇报，沟通后再细谈。我想问大家，我们双方最终签订合同时，对方会带什么合同来，一般来讲肯定是一份仓库租赁合同。相信老王跟老板汇报时肯定说是一家公司想要租我们的仓库，当然也会按照租赁草拟合同。为什么呢？因为是我说的要租你们的仓库，结果我把他这个思维限制了，在他们的脑子里就只有“租赁”了！

如果你了解转化理念就很简单了。所谓转化思想，就是在确保双方经营目标不变的情况或前提下，根据对方的经营目标，试图寻求若干种经营方式，而这些经营方式均能实现对方的经营目标，然后在这些经营方式中寻求一种税负最低的行为或模式，同时也要确保该经营方式的成本和风险最小化。

那么针对这个案例，结合我的转化思想，对方公司应该怎么思考呢？他应该首先分析我跟他们公司合作的目标是什么？大家可以发现，我的目标不是租他们公司的仓库，而是把我的货放在他们公司的仓库里。基于这样的目标，对方有哪些方式可以帮我实现这个目标呢？方法太多了，比如仓库租给我、提供仓储服务、把仓库卖给我。当然把仓库卖给我即使对方愿意我方也不一定愿意，因为我只是暂时缺仓库。这时剩下两个方案，一是提供出租仓库，二是提供仓储服务。当然无论什么方案，我方支付的款项不能增加，也就是花的钱是一样的。假定费用一年是 60 万元。出租仓库租金 60 万元对方要缴纳 5% 的营业税，也就是营业税 3 万元。提供仓储服务收费 60 万元对方要缴纳 6% 的增值税，也就是 3.6 万元（假定能够抵扣的进项税额就是 0.6 万元），这两个税仓储服务和租金的流转税就一样了。另外还要缴纳房产税，出租按照租金 60 万元缴纳 12% 的房产税，而仓储属于自用房产，应该按房产的原值扣除 30% 的比例，适用 1.2% 的税率。为了方便分析，我们先不考虑扣减 30% 比例。如果这样，租赁的房产税就是租金 ×12%，仓储就是原值 ×1.2%。如果两个方案的房产税也一样，就是租金 ×12%= 原值 ×1.2%，那什么时候一样呢？就是房屋的原值是租金 10 倍时，这时，他们应该第一时间去财务处了解这仓库的原值是多少？假定两间仓库的原值是 400 万元，费用 60 万元，这个价位下，当然是仓储好，因为租赁用 60 万元 ×12%, 仓储用 400 万元 ×1.2%，还会打个折。那如不可才能进行转化呢？

他给我打电话，“租仓库的事跟老板汇报了一下，老板说没问题，虽然咱们是第一次合作，说不定还有更多的领域可以继续合作，老板说让你放心，你把货拿过来，我们还可以帮你看管，价格还是那个价。”我当然同意，对方又说，“既然这样，我们就不要签订租赁合同了，就按照仓储来合作吧。签认仓储合同，价格还是那个价，行不行？”没问题。因为对我来说，无论是仓储还是租赁，我的目标都能实现，对他就不一样了，对方的房产税显然变少了。如果对方仓库的原值是 800 万元呢？请大家自己思考一下用什么方案。所以，必须要在谈判中通过沟通了解对方做这个事情的目标，只有这样你才能找到好的方法。

3.4 税收管理中企业必须具有系统考量的思维

很多企业在设计方案签订合同时，往往只考虑税，其实考虑税是必须的，但是还要考虑其他的因素。这就是我接下来要和大家分享的第四个模型——系统考量思维的建立”。

首先，方案的设计和选择要考虑成本，因为做任何事情都是要成本的，可能花的钱比所缴的税还要高，那就不划算了。打个比方，假如一个咨询公司向企业提供一个税收筹划方案，企业用这个方案每年可以节约 50 万元的税，但咨询公司向企业要 60 万元的报酬你肯定不干。因为你考虑了成本，花的钱比节约的税还要多。

	税收角度	成本角度	风险角度	偏好角度	习性角度
债权融资	√	√		?	√
股权融资			√	?	

融资同样是有费用的，比如，债权融资和股权融资同样是融资 1 000 万元，如果从税收上考虑，债权融资较好。因为债权融资和股权融资发生的融资成本各有不同，债权融资发生的成本是利息，股权融资发生的成本是股利。利息是税前支付的，能够增加税前扣除成本；股利是税后支付的，花的钱再多也不能进入成本。因此，从税收上考虑当然选择债权融资。

其次，除了正确选择融资方案，还要计算该方案的融资成本。

无论是债权融资还是股权融资都要支付融资成本，同样融资 1 000 万元，哪种方案的融资成本高呢？债权融资成本是利息，超过 15% 算高的，如果你投资 1 000 万元占我公司 50% 的股权，要分一半的钱给你，因此从融资成本角度上讲，债权融资的成本一般较股权融资成本低。

最后，还要考虑融资经营风险，事实上，无论是股权融资还是债权融资，对公司来说都是经营活动，是经营活动就有经营风险，债权融资只要到期就要偿还本息，如果到期后连本金和利息都还不上，很可能被对方起诉，被宣告破产。至于股权融资，要想把 1 000 万元投过来后再拿走，比登天还难。即使想申请撤资，也必须经过董事会决议通过，如果董事会不通过，也不能撤资。因此股权融资的风险小，债权融资的风险大。

很多企业在进行融资方案选择的时候，往往只考虑上述税收因素、成本因素和风险因素这三个影响因素。另外的两个因素大家很少考虑。

首先是偏好因素？因为公司的任何重大决策都是老板拍板的，老板在拍板的那一瞬间，很可能因为他个人的偏好而拍错板。如果老板是个保守的人，会考虑如果资金流断掉了还不起债，就有可能被起诉，如果被起诉，这十几年基业就完了。为了安全起见只能妥协。如果老板是个激进冒险主义者，就不会认为有风险，到时肯定还得上，放心，借！

由此可见，此因素是决策者的偏好上需要关注的重要因素之一。

其次就是习性。习性是指当公司做完一件事情或从事一项经营活动之后，有没有想一想，会对公司的将来产生怎样的影响。比如，很多企业开会住酒店，在酒店住两天实际的酒店费用才600元，但在结账时和前台服务员暗中操作，开了900元的票据。但服务员多收的300元，收的税仅仅是开票的营业税，300元要作为酒店的收入，却没有发生任何成本。这件事情可能当时看不出影响，但是对公司将来的影响呢？

显然是不利的。回到我们之前讲的买地还是买股权，如果不是搞开发，将来不会产生收入，因此就不需要关注成本，所以选择买股权好。但这个股权买下来后，由于购买股权不涉及资产过户，因此不能改变所收购的公司相关资产的账面价值。经过3～5年后公司要上市，如果上市就需要对资产评估，这时不利影响就会显现了。

再回到融资这个问题上来。如果采取债权融资，就会形成固定的财务费用，如果企业有固定的财务费用存在，就会激发财务杠杆效应，也就是公司的股利率的增长幅度大于公司利润的增长幅度。而股权融资不会形成固定的财务费用，就不会形成财务杠杆效应。试想，虽然公司不一定每年都会分红，但每年必须向股东公告公司的股利率增长情况。如果公司存在财务杠杆效应，也许公司利润只增加一点点，但是每股股利率却大幅增加，这时就会激发股东的增资欲望，这时不利影响就会显现了。

如果大家能考虑到后面这两个因素，就是真正的战略管理了，因为战略管理是一种长期考虑而不是只顾眼前的。

3.5 企业如何在不同主体间进行涉税信息的共享和传递

“信息”这个词，对很多财务人员来讲是一个非常熟悉的词汇。我们前面也提过，财务人员面对的是信息，财务人员处理的是信息，最终财务人员提供的也是信息。但是要保证对外提供信息的准确性，首先要保证的是一开始获得的信息就是正确的。如果一开始财务人员得到的业务信息本身就是错误的或缺失的，那么财务人员业务能力再强，最后对外提供的信息也是错误的。

下面给大家看一个“丰”字图。这个“丰”恰恰勾勒了企业的经营状况，三横一竖，第一横代表采购部，第二横代表生产部，第三横代表销售部。这一竖代表的是某项业务。比如，某项业务由三个部门共同完成。采购部买原材料，生产部负责加工生产，销售部负责销售。但这“三横”是平行的，说明它们没有交点。虽然三个部门做的是同一件事情，但各部门没有为这项共同的业务去探讨、协商。采购和销售本身就是一对矛盾，因为采购部是成本中心，销售部是利润中心，很难协调。应该怎么办呢？

请大家再看一个“申”字的图。这个“申”字就不一样。它的两竖将三横连起来了。“申”字的两竖是什么？各人有各人的理解，我是这样理解的，左边那一竖是“资金链”，右边这一竖是“税收链”，因为只有资金链和税收链是贯穿企业经营全过程的。开公司就需要钱，拿个营业执照就要缴纳印花税，即使公司将来注销，资金链和税收链也是存在的。所以，把公司的资金链和税收链管好，那才真正抓住了企业的“任督”二脉。所以，各部门必须要协作，做到“财务与决策者的协作，财务与业务部门的协作，公司与公司的协作”。只有做到这些，才能通过协作尽可能多地了解到企业业务的信息。如果我们能把公司的业务环节连起来，那就是一个很大的提升。企业财务人员对信息的捕捉和采集非常重要。做好这些工作需要以下三大工程：

第一个工程工作“半个月一次”。财务处每半个月组织一次学习，将这半个月来国家颁布的各种税收文件，不管与你是否有关都要学习。因为不了解这些政策就不会用，所以第一个工程主要就是掌控国家财税信息，为以后的管理打好基础，要想管好税收，必须要掌握政策。所以我称第一个工程为“税税（谐音，岁岁）品（谐音，平）安”。

第二个工程叫作“四世同堂”。每个月公司的财务部会同采购部、生产部和销售部四大部门集中开会，让业务部门把上个月做完的工作报告给财务部，财务部可以要求他们及时收集各种涉税的相关证据，如发票合同及其他单据。同时把下个月的工作计划向财务部做汇报，财务部可以及时提醒接下来的工作中需要注意的事项，以免发生税收风险。这些工作可一个月做一次，因为是四大部门的协调，所以我称第二个工程为“四世同堂”。

第三个工程叫作“五流汇通”。任何一笔业务的发生都会产生 5 个流：一是双方签订合同，即合同流；二是发货，即货流；三是收款即资金流；四是开票即票流；五是双方会计要做账即“分录流”。

两个企业共同做一项业务，业务完成后，两个企业都要做分录。而且这两个企业做的分录应该是“阴阳协调”的，比如，一方借：银行存款；另一方就应该贷：银行存款。但是能不能保证双方做的账完全协调匹配的呢？

因此，在处理会计分录之外，企业与企业之间还要看看相关的票据流、资金流和货流是不是一致。

国家税务总局 2014 年颁布的《国家税务总局关于纳税人对外开具增值税专用发票有关问题的公告》（国家税务总局公告 2014 年 39 号）文件，从开具发票增值税方的角度规定了对外开具发票的“三流合一”原则，具体包括“货物、劳务及应税服务流”、“资金流”、“发票流”必须都是同一受票方。从这个文件出发，我接下来会给大家讲讲“四流统一”，即合同流、资金流、货流和票流相统一。

企业要想将业务做得干净、安全，很简单，你就要做到“四流统一”，即就是跟谁签合同，就向谁发货，就跟谁收款，发票就只能开给谁。但很多企业实操中，秉承着一种错误的理念，就是“谁给我钱，我给谁开票”，这样很可能会造成票流与合同流不一致的情况，记住，只要你的发票流与合同流不一致，就是虚开，没有任何理由。

怎么判断是不是虚开呢？合同上的甲乙双方与发票上的开票方和收票方必须一致，不一致就是虚开。但是资金流与货流有可能不一致。做到一致当然最好，如果不一致，比如，实操中经常发生的委托付款就会造成资金流和票流不一致，但没关系，刚刚讲的2014年39号公告规定，纳税人对外开具增值税专用发票同时符合以下情形的，不属于对外虚开增值税专用发票：

（1）纳税人向受票方纳税人销售了货物，或者提供了增值税应税劳务、应税服务；

（2）纳税人向受票方纳税人收取了所销售货物、所提供应税劳务或者应税服务的款项，或者取得了索取销售款项的凭据；

（3）纳税人按规定向受票方纳税人开具的增值税专用发票相关内容与所销售货物、所提供应税劳务或者应税服务相符，且该增值税专用发票是纳税人合法取得、并以自己名义开具的。

受票方纳税人取得的符合上述情形的增值税专用发票，可以作为增值税扣税凭证抵扣进项税额。

上述规定中的第二条说得很清楚，这里面资金流包括“取得了索取销售款项的凭据”，那么委托付款形成的“三方协议”即可证明资金流统一。

因此，只有坚持合同流，资金流，货流和票流四流统一，再加上分录流，每一个季度去比对一下，这样即可降低整个产业链的税收风险。

3.6 博弈思维在纳税预算管理中如何平衡运用

下面和大家分享一下税收博弈的管理思维。

什么叫作税收博弈？很多企业在设计方案时，往往只考虑自己。这在博弈论中被称为“零和博弈”，又称为零和游戏，与非零和博弈相对，属非合作博弈。它是指参与博弈的各方，在严格竞争下，一方的收益必然意味着另一方的损失，博弈各方的收益和损失相加总和永远为“零”，双方不存在合作的可能。

公司在卖货的时候，销项变少，其他公司，进项就会变少。同样公司在买货的时候进项变多，销项也会变多。显然，这是一种“零和博弈”，绝无双赢的可能性。所以说要想做出真正的好计划，需要双方配合。不要为了自己的利益，使得合作公司多交税。真正的博弈，不是对抗，是合作，共同来享受方案带来的红利。看看下面这张表。

劳务提供者（实际收入）	劳务接受者（成本）
营改增之前（价格 1 000 元）	
1 000-1 000×5%=950	1 000 元
营改增之前【价格 1 000 元（含税价）】	
1 000-1 000 ÷（1+6%）×6%=943	1 000-1 000 ÷（1+6%）×6%=943
营改增之后——如果提价 5%【价格 1 050 元（含税价）】	
1 050-1 050÷（1+6%）×6%=990	1 050-1 050÷（1+6%）×6%=990
营改增之后——如果提价 10%【价格 1 100 元（含税价）】	
1 100-1 100÷（1+6%）×6%=1 037	1 100-1 100÷（1+6%）×6%=1 037
营改增之后——如果提价 6%【价格 1 060 元（含税价）】	
1 060-1 060÷（1+6%）×6%=1 000	1 060-1 060÷（1+6%）×6%=1 000

在上述中，“营改增”之前，劳动提供者（简称甲）是提供劳务的，甲要缴纳5%的营业税，劳动接受者（简称乙）给甲劳务费1 000元，因此甲收到1 000元，缴纳了5%营业税，甲的实际收入是950元。现在“营改增”，甲的税就从5%增加到了6%，这1 000元变成增值税的含税价了，这样甲付6%，那么甲就剩943元了，比原来变少了。而乙，虽然付了1 000元，但你从甲处拿到一张税率是6%的增值税专用发票，可以抵扣57元，乙的成本为，943元，比原来少付了成本，乙则比原来少赚了收入，由此可见，“营改增”之后对于实施营改增的企业不利。

你们可以发现，很多“营改增”企业在调价！因为“营改增”就是利用增值税发票从不扣变成抵扣，是付款方抵扣联，因此所有的利益全在买家手里。

那么，我们再来看一下。如果调价调5%，这时候报价是1 050元，这时1 050变成增值税的含税价了，缴纳6%的税，还剩990元。乙付了1 050元，扣6%。大家可以发现，调价之后，甲的收入990元比原来950元多赚了，乙的成本990元跟原来1 000元少付了，大家都共同享受了收益，这才是真正地达到了合作。但是如果调价10%！甲的收入是1 037元，而乙的成本是1 037元，甲赚得更多，乙付得更高，这说明甲调价乙可以接受，但是要知道调多少是合适的。假如调6%，因此甲的收入变成1 000元，乙的成本变成1 000元，跟原来营业税下的成本1 000元一样，没有损失也没有赚钱，说明收益全在劳务提供方手里。如果不调价，收益在劳务接受方手中。想要大家来分享这个利益，调3%的价是最合适的，双方都能受益。因为6%正好是“营改增”的税率，而“营改增”的企业是靠税率来抵扣，因此大家分享，你一半我一半。在企业的税收管理中，要充分运用合作的思维和理念，避免“零和博弈”，让大家共同来分享收益。

第四章

万事开头难，公司设立中的纳税风险

——公司成立只是企业纳税管理的第一步，也是最重要的一步，因为它将影响企业的一生。

——老板创业不要只想着怎么赚钱，更要想怎么去纳税。

——公司设立的形式和过程不同，将决定未来享受的优惠和承担的风险之不同。

4.1　公司设立的细节对税收的影响

接下来，我们来讲讲公司设立。

开设新公司要先给公司取个名字，取名字就有税收的讲究。比如，某某财税文化传播有限公司，但工商部门可能不同意这个名称，因为公司搞财税文化传播，那么财税务部门干什么呢？而且属于文化体育业性质的公司营业税是 3%。如果叫作某某财务咨询有限公司，就属于服务业，要交的是 5% 的营业税，虽然多交了 2%，但内涵和外延上与财税务部门没有冲突。

公司名字定好，哪一天开业，讲究。因为在税收上，7 月 1 号后的日期才是好日子，因为只要是 7 月 1 号后开业的，就说明那一年的经营期不满半年，有些公司开业可能有“三免两减半”的优惠。国家规定，如果企业能够享受优惠，而且第一年的经营期未满半年，可以申请把优惠推迟到第二年执行。第一个半年不执行优惠，那不就是要缴税了吗？但是，公司第一年开业，能保证盈利吗？亏损是不用缴纳企业所得税的，公司可能还没有经营半年，前期投入比较大，肯定是亏的，所以那就不要免税了，反正亏损也不缴税。等到第二年开始盈利了，再开始享受免税。

公司开业的日期定好了，那公司以什么身份面向社会呢？公司可以注册为“一人有限公司”，如此这个钱就属于公司的收入，就要交25%的企业所得税，但是缴完税之后，这个钱还在公司账上，要把钱拿出来，还要再缴纳20%的股息红利个人所得税。当然也可以成立一家个人独资企业，如此资金进公司不需要缴纳企业所得税，而是按照个体工商户所得适用5%～35%的五级超额累进税率缴纳个人所得税。用什么身份来上课比较好呢？其实答案是“不一定”，要看课酬多少，不同金额的课酬按照不同的身份缴税可能结果也是不一样的。

股份有限公司和有限责任公司都是《公司法》下的两种法定形式，但这两种公司有什么不一样的地方呢？虽然他们都缴纳企业所得税，但将来如果把公司的股权卖掉，当然卖股权它对应的股权价格不得低于公司净资产的份额，但是可以溢价发行，溢价发行的收入计入资本公积，资本公积的钱款属于所有者权益，我们可以把资本公积的钱款转增资本，如果股东是自然人，正常情况下将资本公积转增资本按股息红利分配，要缴纳个人所得税。如果股东是法人，不要缴纳企业所得税。但是要注意，如果你是股份制企业，股票溢价发行，形成的资本公积，用这个资本公积转增资本，股东是个人，不用缴纳个人所得税，这两个性质就不一样了。

个人和个体工商户在税收上也是不同的。前段时间，西安有家公司给我打电话，说是他签订了一个合同，希望我给他看看有没有风险，我本来要的报酬是5万元，但对方说给我6万元，但是开发票的税金我承担。先预付一半3万元。工作完成后，企业年底要拿发票报账，他没跟我讲，就直接到税务行政部门帮我把票开了。他告诉我：“发票给你开好了。”我说：“你什么时候开的啊？”“上个星期开的，税已经给你扣掉了，一万多元。”企业开了一张劳务票。

开劳务票要缴纳（25.5% 的税，20% 的个人所得税，还有 5.5% 的营业税及附加）。6 万元乘 25.5% 是 14 000 元，我剩下的只有四万多元。我说：“你为什么不和我讲一讲呢？税可以少缴一点的。”他说，“你开是 25.5%，我开也是 25.5% 啊”。我说：“我可以把身份证复印件给你，你可以在西安给我办一个临时个体工商户，我以临时个体工商户的名义给你咨询，即可在 5% ～ 35% 之间来选择缴纳个人所得税。不需要按照税率 20% 缴纳个税。”

还有，是否属于小微企业的身份，那也很有讲究的。说到小微啊，大家注意一下，小微不一定是小企业，不一定是指企业小。小型微利企业是指从事国家非限制和禁止行业，并符合下列条件的企业：一是工业企业年度应纳税所得额不超过 30 万元，从业人数不超过 100 人，资产总额不超过 3 000 万元；二是其他企业年度应纳税所得额不超过 30 万元，从业人数不超过 80 人，资产总额不超过 1 000 万元。小微企业在企业所得税上可以享受优惠，具体来讲有以下优惠：

（1）《企业所得税法》第二十八条第一款规定：符合条件的小型微利企业，减按 20% 的税率征收企业所得税。

（2）《关于小型微利企业所得税优惠政策的通知》（财税〔2015〕34 号文）规定，为了进一步支持小型微利企业发展，自 2015 年 1 月 1 日至 2017 年 12 月 31 日，对年应纳税所得额低于 20

万元（含）的小型微利企业，其所得减按 50%计入应纳税所得额，按 20% 的税率缴纳企业所得税。

虽然小微企业不一定就是小企业，只是它的应税所得额小于 30 万元，但别忘了，资产总值 3 000 万元以下，一个企业资产总值 3 000 万元，至少我不认为是小企业。但小微企业税率比一般的企业少 5 个点。假如公司今年汇缴下来，年平均职工人数 86 人，平均资产总额 2 840 万元，应税所得额 31 万元，前面两个条件满足了，但这个 31 万元，多了 1 万元，以致无法享受小微企业的优惠。不要着急，有办法，你把这多余的一万元捐出去，公益性捐赠条件满足可以享受全部扣除。这时候就满足小微企业所得税优惠的条件了。

我们计算一下虽然捐了 1 万元，但剩下的 30 万元就不再用 25% 的税率了，而是用 20% 的税率，企业所得税降了 5 个点，30 万元乘以 5% 是 1.5 万元，还少交 5 000 元。

有一本书《左边是疯子，右边是天才》，税收也是，可能往前走一步就是天堂，往后退一步就是地狱。因为国家政策都有临界点。当公司的行为正好处于临界点左右的时，稍微调一调，就是天堂与地狱的区别。

另外，公司开在哪里也有讲究的。现在国家层面有西部大开发、上海浦东和经济特区，还有一些经济发展试验区，如珠海横琴、福建平潭、深圳前海等综合改革实验区等，在这些地区，企业如果涉及现代物流、信息技术、科技服务和文化创意等行业，就享受企业所得税 15% 的优惠。所以，选择地方也是有讲究的。

地址选好之后，那公司到底是什么性质呢？合伙制和公司制已经讲过了，下面讲一讲子公司与分公司的选择。

比如现在要开一家新公司，那么新公司是以子公司来面对市场还是以新公司来面对市场？现在很多人对于“子公司”和“分公司”这两个概念分不清楚，曾经有一个做财务的朋友问我：“子公司向总公司借一笔钱，可不可以不支付利息？”其实，这个问题不论你怎么回答，其答案都是错的。因为这样的事情不可能发生。因为子公司的上面是母公司，总公司的下面是分公司，他说一个子公司向总公司借钱，不可能的事？如果是子公司向母公司借款，这叫作“关联方借款”，必须要支付利息，不然税务局怀疑你涉嫌关联方交易，这不符合独立性交易的原则。而分公司向总公司借钱，叫作资金的内部调拨。

什么叫作“子公司”，什么叫作“分公司”。一句话，“子公司再小它也是一家独立的企业，分公司再大也是你的一个部门。”同时，在所得税方面，总分公司是汇总纳税，母子公司各自纳税；在流转税方面，增值税、营业税等，母子公司各自是纳税人，总分公司也是各自纳税人。下面举个例子。

中国的某个地区，比如就叫作A地区，相对而言经济比较落后一点，国家为了鼓励A地区的发展，把A地区列为税收优惠城市，假定所得税税率为5%，很低了。有人一听这个消息，就和老板商量去A地区开公司，那么原公司所在城市正常按照25%纳税，那到A地区是开子公司还是分公司？有人说当然开子公司，为什么是子公司？因为子公司在企业所得税上是独立在当地纳税，可以独立按5%享受税收优惠，如果开设分公司，分公司的经营所得税还是要汇总到原总机构所在地按照25%纳税。开设子公司仅仅是出于税收上考虑，但在实践中？到A地区开公司，是利用A地区的资源还是利用A地区的市场呢？如果仅仅是利用A地区的资源，比如人力资源、原材料等，那么产品生产出来，由总部统一进行销售，市场由总部统一开拓，那么A地区公司就不需要考虑销路的问题了，开足马力生产就行，这样一开始就能保证盈利。如果是这样，在A地区开设子公司没有问题。但是如果想在A地区独立动作，想开拓A地区及周边的市场，那前期投入比较大，你能保证一运营就能盈利吗？显然不能。假如一开始就亏损，那还免什么税呢？亏损企业本来就不需要纳税，还不如开设一家分公司，用分公司的亏损冲销总公司的盈利，等到A地区公司正常运转后，再注资、追加资金、追加投入，把它升格为子公司。因为这时在A地区的新公司盈利了，可以独自享受那边的税收优惠。

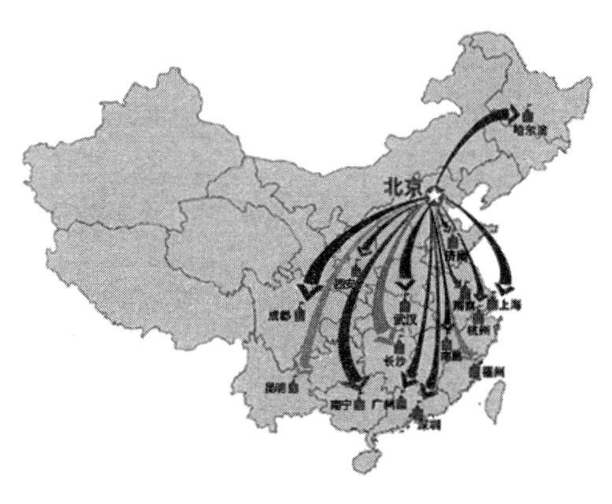

我有一个学生，当时快毕业了，跟我聊天时说：“我毕业之后是留在本地工作还是回老家工作呢？”他的老家是江苏省连云港市的。我说你要不要回家，就看你家里的现状了。他说：“我爸在当地有一家公司，规模不是很大，职工有一两千人。”既然他父亲开公司，说明他回去工作不愁。我说：“这样，你大学毕业之后你去考公务员，考上就当公务员，考不上就跟你爸一起干。”接着我又说，“但是你跟你爸干要注意，千万不要做你父亲的助手，你回去让你爸把他的公司按照目前的业务流程分立为两个公司。你和你父亲各自做一家公司的老板”。为什么？因为国家规定，大学生创业在税收财政上有优惠的。

我利用了上述的大学生创业的税收优惠政策，你说我这样做合不合法？合法。国家这种优惠，就是给你用的。但大学生创业税收优惠期满了没有优惠了怎么办？我说：“你去当兵去。”“那我当兵走了，公司不是没人了吗？总不能我既当兵又当老板吧？”“没关系，踏踏实实当兵，好好表现。但是你要去当兵，就需要和女朋友先结婚，你当兵走了，她来做老板。因为你当兵了，她就是军嫂。”军嫂有没有优惠呢？“有，军嫂创业条件满足可以免3年营业税和个人所得税。税收优惠期3年，快期满的时候，你转业回来，接任公司。转业军干，也有优惠。

我一直把税收分为3个层次。最低的层次叫作“办税”，即办理税务，也就是到税务局领个发票，填个申报表，做个备案。稍微再高一点的层次叫作“做税”，什么叫作“做”？不是作假，而是发现公司的问题，自查出一些风险，这叫作“做税”。最高的层次叫作“用税”。认识税收政策、税收文件不是阻碍你企业发展的绊脚石，而是作为企业腾飞的翅膀。“用税”才是最高的境界。所以做任何事之前先看看税收的规定，按照税收受惠首先使自己满足，然后再以优惠的条件身份去从事某种具体的经营活动。

下面，我们讨论一下“营改增”的问题。

我们都知道想成为一般纳税人很难，想成为小规模纳税人同样很难。因为成为一般纳税人的条件是工业企业年销售额100万元，商业批发零售企业年销售额是180万元，现在分别降低为50万元和80万元，一眨眼变低了，是不是现在做一般纳税人简单了，反而成为小规模纳税人变难了？当然这不是讲一般纳税人、小规模纳税人的问题，而是要讲“营改增”。

“营改增”之后，对营改增的企业也设立为一般纳税人和小规模纳税人，特别是现代服务业，但它的标准不是50万元和80万元，而是500万元。“营改增”试点纳税人应税服务年销售额超过500万元的，应当向主管税务机关申请增值税一般纳税人资格认定。未超过500万元规定标准的纳税人会计核算健全，能够提供准确税务资料的，也可以向税务机关申请一般纳税人资格认定，成为一般纳税人。言下之意，未超过500万元规定标准的纳税人就有两种选择，既保持小规模企业，也可以申请为一般纳税人。

假如开了一家会计师事务所，而且这个事务所一年营业额达到500万元，如果是一般纳税人，其销项税是6%，如果是小规模纳税人，就是3%，省下一半。达到500万元，必须是申请一般纳税人资格，达不到500万元，可以保持小规模纳税人，也可以申请为一般纳税人资格，只要保证会计核算健全，能够提供准确税务资料，假如现在是400万元，在面前有两条路可以选，一是保持小规模纳税人，二是申请为一般纳税人。如果是小规模纳税人，事务所虽然进项税额不能抵扣，但是销项税额就不是6%的税率，而是3%的税率，“营改增”之前进项税额照样不能抵扣，服务业的营业税还是5%，现在“营改增”后的税负更低了。

成为小规模纳税人，其竞争对手是一般纳税人，一般纳税人在面向市场时的优势肯定比小规模纳税人强？不一定。是因为一般纳税人它要缴纳 6% 的税，因此他的税负成本比较高，所以他的报价就比较高。而且，小规模纳税人可以到税务部门代开 3% 的增值税专用发票，价格又比较低。可能有人说，“老师，不对啊！你给他只有 3% 的增值税专用发票，可是人家给他 6% 的增值税专用发票。其实你要提醒他，之所以拿了 6% 的增值税专用发票，是因为他之前付了 6% 的进项税给对方。他从你这里只拿到 3% 的票，说明你只给他 3 个点的进项税。一个是付 6 个点抵 6 个点，一个是付 3 个点抵 3 个点，从公司的资金流来看，显然跟我合作资金流少啊！所以说，要学会将税收引入到谈判中去。

综合上述不难看出，成立公司真的有很多地方值得我们思考和运作。

4.2 公司分立合并中如何利用税收政策

公司分立、合并，都产生新公司出来。下面就给你们讲讲分立和合并的事情。

我们要提到一个文件，就是财税〔2009〕59号文件，是关于企业重组中的有关企业所得税的纳税事项的相关规定。关于分立与合并，先说个案例。

假如公司手下有一块地，目的是想把这块地过户到其他公司名下，有哪些方法可以选择？

第一种方法是直接销售。采用这种方法，就要缴纳土地增值税、营业税、企业所得税。对方就要缴纳契税。

第二种方法是投资，如果投资进去双方共享收益、共担风险，可以免营业税。土地增值税不一定能省，这要看企业的性质，因为投资联营的双方只要有一家是房地产开发企业就不能免土地增值税。契税是一定要交的。

如果想要免税，很简单，就是第三种方法。第一步，公司先做分立，把公司一分为二，成立一家新公司。分立要进行资产分割，地可从原来的公司变更到新公司名下。由于公司分立引起的相关有形资产（动产）的变更不征收增值税，相关房地产、土地和无形资产的转移变更不征营业税，同时也不征土地增值税（房地产企业除外），所以接受方免契税。只要分立后两公司原资本总和没有变化，不交印花税，基本什么税都不需要缴纳。分立之后，这个公司拥有土地。

第二步，把这个公司的股权卖给他，由于这个公司刚刚成立。因此我可以平价转让。因此，他卖股权没赚钱，不交纳所得税。由于是转让股权，土地没有变化，不涉及流转税、土地增值税。这时候，对方对新公司控股。

第三步，吸收合并。对方把新公司吸进来合二为一，这样那块地就到他名下。由于公司合并引起的相关资产、相关对象的变更和分立一样不缴纳营业税、土地增值税、契税、印花税。

上术三种方法工程虽然大，但用这三种方法可以少缴纳税款。所以，不要小看合并、分立，其用途很大。

在上述的分析中有一个税我们没有提及，就是分立和合并中的所得税事项。

公司分立有两种所得税的处理方法。一是一般性处理，二是特殊性处理。假如公司有很多资产，把它们分成两部分，一部分 A，一部分 B。我就是这个公司的老板，想把 A 资产从公司中剥离出去，成立一家新的乙公司。那么 A 资产原来是在我甲公司名下，现在变更到乙公司名下。A 资产有当初的入账价值，假如说是 200 万元，在分立之前要把 A 资产进行评估，公允价值为 500 万元，现在把这些公允价值为 500 万元的 A 资产从甲公司变更到乙公司名下，乙公司如何记账？计入无形资产 500 万元，按公允价值入账。我资产减少就要贷相关资产账户。如果按成本入账。我把 500 万元 A 资产给你了，现在它属于乙公司，那如果说给我钱了，那就借银行存款 500 万元，贷资产 200 万元，我虽然赚了 300 万元，但是对这个公司就没有控制权了，相当于卖资产了。

很多公司分立是为了什么？原来对这个公司控股，100% 控股。现在分出去了，既对原公司控股，又对这个新公司控股，说明你给我的不能是钱，只能是 100% 股权。因此，我是借，即长期股权投资，而 B 公司是贷，即相关资产账户。贷方的相关资产只能是成本价。借长期股权投资是公允价值。那么借方和贷方相比较，借大于贷。贷方还应计入收益，缴纳企业所得税。按照一般性处理，被分立企业对分出去的资产应当按公允价值来确认转让的所得或者损失，我减少的是资产获得的是股权，而股权是按公允价值计量，资产按成本计量。因此借方大于贷方，因此就要确认所得。新分立的企业应按公允价值确认接受资产的计税基础，不论这个资产在原公司是多少成本，但是现在公允价值是 500 万元，这些资产到了新公司应当 500 万元入账，这就是一般性处理。还有一种处理方法，叫作特殊性处理，很多企业在重组并购中利用 59 号文来实现的就是特殊性处理，因为特殊性处理暂时不缴纳企业所得税。要想享受特殊性处理，你必须要符合下面 4 个条件。

第一，具有合理的商业目的，不以减少免除或推迟缴纳税款为目的，财税〔2009〕59 号文件是优惠政策，要去税务行政部门备案，备案就要写报告，因此我们采取特殊性税务处理可以这样写，“为了优化公司资本配置，提升企业资源使用效率，实施集成化管理、精细化作业，充分提高资产的使用效率，提升市场适应规律，特把我公司的相关组织架构和业务进行剥离，相关条件符合财税〔2009〕59号文件的规定，特采用特殊性企业所得税处理办法”。

第二，企业分立后连续12个月不改变分立资产原来的实质经营活动。虽然这个资产分出去了，但是这个资产分出去之后要坚持12个月不改变它的实质经营活动。比如，原来我公司有一个锅是炸油条的，现在把这个锅分到新公司，那么这个锅在新公司只能炸油条，不能用它煮稀饭，一旦煮稀饭就改变了该资产的使用性质，就不符合条件了，不得享受特殊性，就要按一般性税务处理。因为当初按特殊性处理的没有缴纳企业所得税，现在不符合特殊性条件了就要补税，要缴纳滞纳金。

第三，取得股权支付原值的股东在取得分立后的十二个月内不得转让所获得的股权。也就是说，现在把一家公司分成两家公司，并对原公司和新公司都是100%控股，虽然持股比例没有变化，但是，对于公司的股本下降了。作为这个新公司的股东，拥有新的股权，不得转让刚刚分出来的新公司的股权，12个月内不能转让新公司的股权，否则，就不能享受特殊性的优惠处理。

第四，被分立企业所有股东按原持股比例取得分立企业股权，分立企业和被分立企业均不改变原来的实质经营活动且被分立企业股东在该企业分立发生时取得的股权支付金额不低于交易总额的85%。比如，原来这些资产都是一家公司的资产，现在把其中一部分资产剥离出去成立一家新公司，这部分资产账面价值200万元，公允价值500万元。如果没有其他第三方对新公司注资，这个公司我还是 100% 控股。我把这个公司的 500 万元资产给新公司，新公司就把 100% 共价值 500 万元的股权给我。但是，在分立的时候有可能引入第三个股东进来，就是我把这个公司分立出来，然后第三方再出 500 万元，这样就各占 50%。我和新公司的整个交易总额为 500 万元，但是特殊性处理的条件是新公司不能全给我钱，给我的股权至少是整个交易额的 85%，500 万元的 85% 是 425 万元，因此我至少要取得该公司公允价值是 425 万元的股权。新公司最多也就是额外地拿出 15% 的现金。只有这样才符合企业所得税特殊性处理得条件。假设现在没有第三方进来，我就对该公司就是 100% 的控股。这个交易就可以享受特殊性，不需要缴纳企业所得税。借长期股权投资 500 万元，贷相关资产 200 万元，那么公司在整个分立中我取得收益 300 万元，但是它属于特殊性处理，税法上是不需要缴纳企业所得税的。但是刚才那笔分录明确地显示贷方有收益 300 万元，怎样才能合理避税呢？我们先看看财税〔2009〕59 号文件对公司分立的特殊性税务处理是怎么样规定：

（1）分立企业接受被分立企业资产和负债的计税基础，以被分立企业的原有计税基础确定。

（2）被分立企业已分立出去资产相应的所得税事项由分立企业承继。

（3）被分立企业未超过法定弥补期限的亏损额可按分立资产占全部资产的比例进行分配，由分立企业继续弥补。

（4）被分立企业的股东取得分立企业的股权（以下简称“新股”），如需要部分或全部放弃原持有的被分立企业的股权（以下简称“旧股”），“新股”的计税基础应以放弃“旧股”的计税基础确定。如不需要放弃“旧股”，则其取得“新股”的计税基础可从以下两种方法中选择确定。

① 直接将“新股”的计税基础确定为零。

② 以被分立企业分立出去的净资产占被分立企业全部净资产的比例先调减原持有的“旧股”的计税基础，再将调减的计税基础平均分配到“新股”上。

（5）暂不确认有关资产的转让所得或损失的，其非股权支付仍应在交易当期确认相应的资产转让所得或损失，并调整相应资产的计税基础。

这里大家就要区分两个概念，一是“账面价值”，二是“计税基础”。账面价值是会计上对资产成本的称谓，而计税基础是税法上对资产成本的称谓，由于会计的规定和税法的规定有时是不相同的，因此，账面价值和计税基础的数据有时也不一定相同。

第三条讲的“是被分立企业分出去的资产相应的所得税事项由分裂企业继续承接，被分裂企业未超过法定弥补期限的亏损额可按照分立资产占全部资产的比例进行分配，由分立企业继续弥补”。假如在分立之前有600万元的亏损没有补完，现在把公司一半的资产分出去，另一方公司可以拿出300万元去弥补亏损。

第四条的处理分为两种情况，一种是原公司的股东放弃原公司的股权，还有一种是原公司的股东不放弃原公司的股权。如果原公司的股东如需部分或全部放弃原持有的被分立企业的股权（以下简称“旧股”），“新股”的计税基础应以放弃“旧股”的计税基础确定。注意，这里叫作“计税基础”，如果原公司的股东如需部分或全部放弃原持有的被分立企业的股权，那么就要获得更多的新公司的股权，相当于是用“旧股”换“新股”。如果他获得的“新股”的计税基础与放弃的“旧股”的计税基础是一样的，那么在所得税法上不用缴税。所以财税〔2009〕59号文规定“‘新股’的计税基础应以放弃‘旧股’的计税基础确定”，所以就不用缴纳企业所得税了。但是会计上的“新股”的账面价值和“旧股”的账面价值可能是有差异的，如果会计核算体现了投资收益的存在，在企业所得税汇算清缴时做纳税调减即可。

举个例子，比如有一家会计师事务所，两个法人股东各占事务所50%的股权，事务所有两大业务，一是会计审计；二是资产评估。经过研究决定把资产评估这一部分剥离出去，变成两家公司，一家专门做会计审计，另一家做资产评估，这样两个股东对两家公司都控股。两股东经协商决定一股东对新公司享有所有股权，另一股东对旧公司享有所有股权。对放弃旧公司股权的股东，应该做如下会计处理

借：长期股权投资——新公司（公允价值）　　500万元

　贷：长期股权投资——旧公司（成本价）　　200万元

投资收益300万元

如果该分立行为符合特殊性处理，投资收益300万元就作为纳税调减事项。税法上为了不体现收益就把新股的计税基础按照旧股的计税基础200万元来确认，而会计处理上有收益300万元，所以要作为调减事项。

如果情况是两股东还是对新旧公司都共同控制，都将获得新公司的股权。那么取得新股的计税基础可从以下两种方法中选择确定。

（1）直接将新股的计税基础确定为零。

（2）以被分立企业出去的净资产占被分立企业全部净资产的比例先调减原持有的旧股的计税基础，再将调减的计税基础平均分配到新股。

另外，公司合并的税务处理与分立相同，这里就不再赘述。

第五章

资金融集：融集资金不要融来税收风险

——不要因为资金筹措管理不好而缴纳更多的税收，得不偿失。

——记住，你企业可以不赚钱，但不能让国家不收税。

——税收的证据链一定要保证业务发生的真实性、合法性、合理性和相关性。

5.1 如何识别和规避资金借贷中的纳税风险

公司成立后需要融资，资金有两大来源：债权资金和股权资金。股权融资前面已经讲过，这部分讲讲资金借贷。

资金可通过金融机构和非银行金融机构取得。第一种情况是向银行借款。一般情况下向银行借款所发生的利息支出只要取得银行开具的合法的相关票据，均可以在税前扣除，只不过一个是费用化，通过财务费用列支，另一个是资本化，将来通过折旧或摊销列支。但有一种情况除外，就是公司向银行借款并无偿转借给关联企业使用，那么该公司向银行支付的利息不得在税前扣除，因为该资金的本金并未在本公司使用，为当年的经营生产并未起到作用，所以，其支付给银行的利息支出属于无关支出，因此不得扣除，即使取得了银行的合法票据。

第二种情况：向非银行金融机构贷款，比如，信托、基金、证券、财务公司、小额贷款公司等，它们首先是金融机构，必须遵守国家金融制度，而国家规定贷款利率不得超过银行基准利率的 4 倍，假如银行基准利率是 6%，非银行的金融机构就不得超过 24%，否则就违法。只要资金是向金融机构借来的，并且取得合法利息的，一般情况下利息支出都是可以扣除的。

资金可通过非金融机构取得。非金融机构就是一般的企业。非金融机构分为两类：一是关联方，二是非关联方，在这里我要说一下关联方这个概念，因为国家对关联方交易的管理力度要远强于非关联方，因此我们必须要先去了解两公司是不是关联方。

现在很多朋友都认为关联方指的两公司之间存在投资关系，A 投资 B，A 也投资 C，B、C 两者共同被 A 控制，那么它们两者之间是关联方。A 投资 B，B 投资 C，C 虽然不是 A 直接投资，但 AC 之间也是关联方。其实关联方的关系要远远多于这几种，我经过多年研究，认为如何来判断是不是关联方很简单，就一句话："人家想让你死你就得死，你们之间就是关联方；人家想让你死你却死不掉，你们之间就不是关联方。"就这么简单，除了刚才这个投资关系外，还有其他几种情况，我给大家列举一下，一共有 8 种情况。

（1）相互间直接或间接持有其中一方的股份总和达到 25%或以上的。

（2）直接或间接同为第三者所拥有或控制股份达到 25%或以上的。

（3）企业与另一企业之间借贷资金占企业自有资金 50%或以

上，或企业借贷资金总额的10%是由另一企业担保的。

（4）企业的董事或经理等高级管理人员一半以上或有一名常务董事是由另一企业所委派的。

（5）企业的生产经营活动必须由另一企业提供的特许权利（包括工业产权、专有技术等）才能正常进行的。

（6）企业生产经营购进原材料、零配件等（包括价格及交易条件等）是由另一企业所控制或供应的。

（7）企业生产的产品或商品的销售（包括价格及交易条件等）是由另一企业所控制的。

（8）对企业生产经营、交易具有实际控制的其他利益上相关联的关系，包括家族、亲属关系等。

下面举一些例子让大家加深理解。

假如我没投资A公司，但是A公司的资产中有一半是我借给它的，我对A拥有非常高额的债权，A公司对我的资产负债率相当高，我一旦跟A要钱，A很有可能因为资不抵债破产，B公司的原材料是我公司提供的，我一旦断货B公司就无法生产。C公司的产成品我全部收购，一旦取消订单，C公司最起码在短期由于市场拓展的原因出现严重滞销。D公司的技术是我提供的，一旦把技术许可收回，D公司就无法做下去。因此用市场、技术、资源、资本控制对方都叫作关联方。

还有一种情况更加特殊，在人事上进行控制，这个 E 公司我没有投资，我也没有借钱给它，但是这个公司董事或经理等高级管理人员一半以上或有一名常务董事是我公司委派过去的，那有没有可以利用人事上的控制来影响他们公司做出对我公司有利的决策。

关联方和非关联方之间怎么办。下面，我们先讲一讲关联方借款，然后再讲非关联方借款。

关联方之间借款，有五个需要注意的问题。

（1）关联方之间借款必须签订合同。不签订合同你说不清道不明。记住，分录是企业自己做的，想计入哪个账户就计入哪个账户，很多企业收到货款，应该是收入，为了不缴税，他计入往来账来逃税，但是税务机关永远不会以你的会计分录来判定相关资金费用的归属。所以要提供证据来证明这个钱是借来的，那就是“借款合同”。

说到证据，现在摆在大家面前的有两种方法，一是税局上门进行纳税评估；二是税局上门去做税务稽查。建议你不要选择评估，一定要选择稽查，因为评估是税务行政部门给你出一份评估报告，把他的异议写上面，如果你对结果有异议，你需要找证据来证明。因此纳税评估一般是由企业找证据来申辩。而稽查是由税务行政部门来找证据、文件，来给你进行鉴定。因此要选被稽查而不是是评估。下面给讲一个真实的案例。

去年 11 月份，我乘坐飞机到西安给一家机构做汇算清缴的培训，刚刚下飞机，这家机构去接我的人说的第一句话是：“顾老师，一个学员在房间等你，要向你咨询很急的问题。这学员下午就来了。”结果他真的在房间等我，他是陕西省某家银行的财务负责人，当地的税务部门给他们银行去做纳税评估，评估五年的纳税信息，出了一份评估报告。这个银行的财务负责人不太精通税务，就想让我帮他分析一下。他把报告给我，看完之后，我说："恭喜！恭喜！"。因为我看了他们的评估报告，评估了五年，发现这五年中每年问题业务中有40%是相同的，如果不是这次评估，还会继续按照错误的做法干下去。因此评估至少告诉他哪些是错误的。所以我要恭喜他。其中有一条写道，"将计入业务宣传费的300 000元应转到集体福利费"。当时我就纳闷，一般税务机关对怀疑的"业务宣传费"即使调整也应该调到"业务招待费"中去，但税务部门让这家银行把怀疑的业务宣传费转到集体福利费。原来这家银行花了40万元买了些小家电，买了微波炉、电饭煲、豆浆机等。小家电买来之后，他们公司的员工每人自己挑了一个，总共挑的小家电大概价值10万元，那这10万元是不是放集体福利，他们确实也放到"集体福利费"科目。另外的30万元的小家电怎么办呢？你只要在我银行存一笔款，办张卡，理个财，我送你一个小家电，这应该是业务宣传。但税务部门不认可，要全部做集体福利费处理。原来这些客户把这些小家电领走了之后，他们都没有签字。假如我是银行工作人员，去仓库领个小家电，要在仓库的发货记录上签字。我签完字，客户把小家电拿走。但是客户没有留下签字。这40万元的小家电都是本单位员工签领的。而且单位也

在集体福利费里计入 10 万元，税务部门当然有所怀疑：如果这 40 万元全部放集体福利了，就超过了工资薪金总额的 14% 的扣除限额，因为，企业为了能多扣除，就有可能把多余的钱计入“业务宣传费”。关键是你现在没有任何证据证明是那 30 万元的家电送给了客户。往往我们很多企业财务人员做会计处理时，做的账是用发票来做的，税务部门来查账时，除了账也只剩下发票，发票只证明真实性，但是税法上除了追求真实性之外，还要追求这笔费用的合法性、合理性和相关性，因此税法上要求提供的证据要远远地多于会计处理上提供的证据。但是业务发生的证据并不是财务处提供的，是业务人员提供的。比如，我是一家开发商，要对这块地进行开发，就要把这块地上的老百姓的房屋给拆迁。假如这里有 6 户人家，开发商要给支付拆迁补偿款。按照规定，拆迁补偿款可以扣除的。拆迁行为发生了，但该留下哪些证据呢？

第一，跟每户签署一份拆迁补偿协议。虽然拆迁补偿协议不能证明真实性。协议只是一个计划，将来不一定真的会那样干。合同只是表明你们双方想这样做但最后不一定会这样做的一个计划。但是合同至少把你和我联系在一起了，因此合同只能证明相关性。

第二，出具咱们当地政府规定的拆迁补偿标准文件，这个文件说明我们进行补偿赔付是按照国家的标准来支付的，并没有乱付，证明这个钱是花得合法和合理的。

第三，受偿者拿钱要给你一张他的身份证复印件（背面签名）和收款收据，证明这笔业务发生的真实性。

上述这些都是属于证据链，税收的证据链一定要保证业务发生的真实性、合法性、合理性和相关性。

（2）关联方借款合同上要不要约定公允的利率呢？我们来看看政策依据。

《税收征收管理法》第三十六条规定，企业或者外国企业在中国境内设立的从事生产、经营的机构、场所与其关联企业之间的业务往来，应当按照独立企业之间的业务往来收取或者支付价款、费用；不按照独立企业之间的业务往来收取或者支付价款、费用，而减少其应纳税的收入或者所得额的，税务机关有权进行合理调整。据此可知，关联企业间资金借贷，如果融通资金约定利率低于金融机构同期同类贷款利率，税务机关有权按照金融机构同期同类贷款利率核定其利息收入并要求其缴纳相应所得税。所以，从上面的文件可以看出，如果不按照独立企业之间的业务往来收取或者支付价款、费用，而减少其应纳税的收入或者所得额的，税务机关有权进行合理调整。

关联企业之间借款如果不约定利息，会不会减少其应纳税的收入或者所得额呢？举个例子：A 和 B 是关联企业，A 公司亏损，B 是盈利的，A 向 B 借入 1 000 万元，如果利率是 10%，A 就应该向 B 每年付 100 万元的利息，B 是盈利的，A 如果把这个利息给了 B，这 100 万元利息就是 B 的收入，就需要 B 缴税。但是 A 如果不支付 B 利息，由于 A 是亏损，A 不需要缴纳企业所得税。而 B 也没有收到 100 万元的利息，因此，B 也不会对这 100 万元利息缴税。有人说，我们两个企业都是盈利的，税率都是 25%。两个公司税率是一样的没有错，但是税负呢？税率相同不代表税负相同。如果两个公司税负也一样，不同的地区也会引起不同地区的税源收入的差异。所以，我之前讲了证据链，现在只要企业拿出足够的证据去证明管关联方借款不收利息，而没有使国家税收减少，那么就可以无息借款。但是，这个证据很难举证，并且，税务机关发现关联方借款没有收利息，那税务机关就有权来核定利息补收营业税和企业所得税，如果金额较大还会启动特别纳税调整。所以大家最好按公允的利率来约定，避免将来补了税还要交滞纳金。

（3）钱借来之后，放入什么科目呢？往来账确实是一种债权债务关系，借款也是债权债务关系。但是往来账的债权债务关系不产生利息吗？借款是要产生利息的。因此，如果把借款放到往来账上，就弱化了利息。而且公司的往来账是指公司在提供销售或提供劳务的活动中形成的债权债务关系，因此，每一笔往来账的背后，都应该有一笔真实的交易。但实践中公司的每一笔交易都能保证签订合同了吗？假如公司真正的往来账是800万元，而你能拿出合同的只有600万元，也就是说，你有200万元的真实交易形成的往来账。现在又借了300万元，放在往来账，那现在公司的往来账是1 100万元。但是，你能提供真实交易合同的是600万元。因此，你被税务部门认为借款可能就是500万元，而那个200万元本来就是真实交易的往来，却被认为是借款，就应该交营业税。企业的借款应该记哪个科目呢？不能挂往来账，因为企业没有从事资金拆借的经营范围。但需要记账吧！我一直认为会计处理应该遵从税法的规定。因此建议把它放到短期借款，一级科目咱不能改，但二级科目我们可以根据实际情况增加！可以增加某某企业啊（银行也是企业），这样就把借款和其他交易业务的债权债务分开了。

（4）钱借来之后，对方公司是否归还。很多企业把钱借给对方，属于债权，对方现在不还了，在会计上应把它作为资产损失，但是这样的资产损失能不能税前扣除呢？根据国家在 2011 年颁布的国家税务总局 25 号公告第四十五条规定：企业按独立交易原则向关联企业转让资产而发生的损失，或向关联企业提供借款、担保而形成的债权损失，准予扣除。大家看看，只有按照独立交易原则向关联企业提供借款而形成的债权损失才可以税前扣除，而你们之间是无息借款，其无法收回形成的资产损失是不得税前扣除的。

（5）借款如期归还应注意的问题。根据《财政部、国家税务总局关于企业关联方利息支出税前扣除标准有关税收政策问题的通知》（财税〔2008〕121 号），纳税人从关联方取得借款，应符合税收规定债权性投资和权益性投资比例（注：金融企业债资比例的最高限额为 5:1，其他企业债资比例的最高限额为 2:1），关联方之间借款超出上述债资比例的借款利息支出，除符合财税〔2008〕121 号文件第二条规定情况外，原则上不允许税前扣除。

另外，对于关联方企业借款利息费用扣除问题，《国家税务总局关于印发〈特别纳税调整实施办法（试行）〉的通知》（国税发〔2009〕2 号）作了进一步规定。不得扣除利息支出＝年度实际支付的全部关联方利息 ×（1 －标准比例 ÷ 关联债资比例）。

可以发现，这个债资比例不超过 2:1，不是按次计算的，而是按年度累计支付的利息计算的。也就是说债权性资金一年累计下来不能超过权益性资金的 2 倍，超过 2 倍的本金形成的利息，即使利率是公允的，也不能税前扣除。其一，我们如果多次借还，估计这样一年下来早就超过 2 倍了；其二，你现在还了对方 200 万元，你是否清楚这 200 万元是还的上星期刚借的 200 万元，还是偿还去年的还没还完的 200 万元呢？告我们最起码要知道，你还的每一笔钱和你借的每一笔钱要匹配。

那么非关联方之间借款可不可以不支付利息呢？是可以的，因为你们的利益不一样，不存在用共同的利益来谋划。但利率不能超过银行基准利息的4倍，否则那就违法了。在法律上认定的高利贷是指超过银行同期基准利率的4倍，也就是产生法律纠纷时支持同期基准利率4倍之内的利率水平，超过银行同期基准利率的4倍，即为高利贷，不受法律保护。

假如我的借款利率在银行基准利率4倍之内，我跟A是非关联方，我想从A公司那里借1 000万元，银行同期贷款基准利率是6%，我按18%支付年利率，不算高。银行基准四倍则是24%。A也给我从税务部门代开了资金占用费发票，我也计入财务费用了，共180万元。现在在企业所得税汇算清缴时，180万元的利息你是纳税调增还是不调呢？假如银行同期同类贷款利率是7%，你负担的是18%的借款利率。你现在是调还是不调，是全扣还是调整呢？事实上调和不调都是错误的。说调增的朋友认为，国家有文件规定，企业之间借款利率过高，参照银行的同期同类贷款利率水平扣除，银行是7%，我这个是18%，因此要调增十一个点，也就是调增财务费用110万元，只能扣除70万元的利息支出。

《关于企业所得税若干问题的公告》（国家税务总局公告

〔2011〕34号）规定：根据《实施条例》第三十八条规定，非金融企业向非金融企业借款的利息支出，不超过按照金融企业同期同类贷款利率计算的数额的部分，准予税前扣除。鉴于目前我国对金融企业利率要求的具体情况，企业在按照合同要求首次支付利息并进行税前扣除时，应提供“金融企业的同期同类贷款利率情况说明”，以证明其利息支出的合理性。

“金融企业的同期同类贷款利率情况说明”中，应包括在签订该借款合同当时，本省任何一家金融企业提供同期同类贷款利率情况。该金融企业应为经政府有关部门批准成立的可以从事贷款业务的企业，包括银行、财务公司、信托公司等金融机构。“同期同类贷款利率”是指在贷款期限、贷款金额、贷款担保以及企业信誉等条件基本相同下，金融企业提供贷款的利率。既可以是金融企业公布的同期同类平均利率，也可以是金融企业对某些企业提供的实际贷款利率。

确实之前税法是规定企业之间的借款利率是按银行的同期同类贷款的利率水平在税前扣除，但这个文件讲得很清楚，“非金融企业向非金融企业借款的利息支出，不超过按照金融企业同期同类贷款利率计算的数额的部分，准予税前扣除”。因为银行的利率水平在所有金融机构里是最低的。

那就不调？不调也不对。因为你手里没有什么证据证明你的利率没有超过金融机构的利率，文件也说得很清楚，“应提供‘金融企业的同期同类贷款利率情况说明’，以证明其利息支出的合理性”。应该在本省范围内让任何其中一家金融企业提供同期同类贷款利率情况。只要拿到的这个情况说明，只要其金融机构的利率比你的高，你支付给对方公司的利息支出就可以扣除，否则，不能扣除！

实践中，如果存在企业之间高利率借款，就应该找证明，如果不找证明又没调，税务部门会来调，就要补税。

浙江省在这方面就很人性化。在《浙江省国家税务局2010年企业所得税汇算清缴问题解答》中规定：企业向非金融机构、企业向股东或其他与企业有关联关系的自然人借款的利息支出，以及企业向除此以外的内部职工或其他人员借款的利息支出，凡不高于年利率12%计算的数额以内的部分，允许在税前扣除，高于年利率12%而不高于本企业当年度实际取得同期同类金融企业贷款最高利率计算的数额以内部分，允许在税前扣除。企业应提供借款合同（协议）、发票或完税凭证等证明材料。

只要企业之间借款，利率不超过12%，即使超过银行利率水平，也不需要证明。

5.2 如何识别和规避资金池管理模式下的纳税风险

下面讲一讲资金池管理模式。资金池现在社会上普遍存在三种版本，现在先讲一下 1.0 版。

假如我有几个子公司，有些子公司有闲置资金，有些子公司缺钱，A 子公司缺 1 000 万元，他就向 B 子公司 C 子公司等借钱。东拼西凑才弄到 400 万元，这就影响了效果。

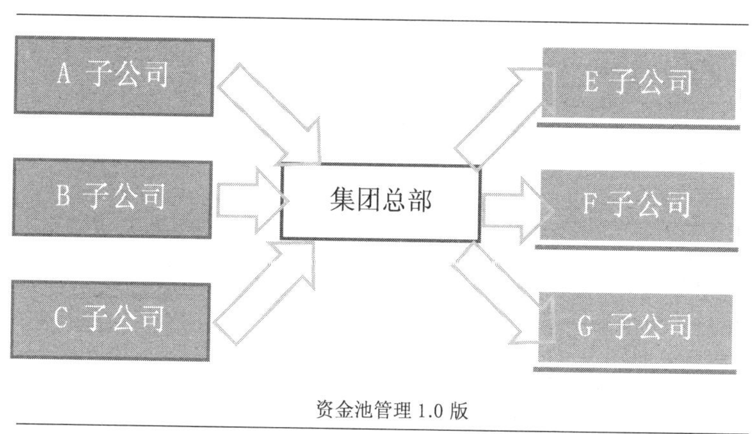

资金池管理 1.0 版

为了能够统筹整个集团的资金，我在银行开个专用账户，各个子公司谁要是有闲散资金，放到这里来，视为总部向其借款，向其支付利息，需要钱的子公司向我打报告借款，我收取利息。这就叫作资金池管理。即相当于一个资金的汇集地，总部来运作，总部把各子公司闲置的资金借过来再转借给其他需要资金的子公司。但是，这种方式属于关联方借款。利率还是要公允，而且集团公司内部企业都是关联方，我跟子公司有没有投资关系，还要受到债资比 2:1 的限制，比如说，一家子公司是我投资的企业，我投资它 1 000 万元，那么这个子公司的权益资金是 1 000 万元，我借给他 2 500 万元，就超过 2 倍了，即使你取得了合法的票据，另外的 500 万元本金所支付得利息也是不能扣除的。

其次，就是 2.0 版本的，总部再成立一财务家子公司，比如，叫作惠达财务公司，由财务公司出面进行资金的汇集与发放，现在各子公司把资金借给财务公司，财务公司是属于金融机构，这就不能叫作借，只能叫作“存”了，惠达需要给各子公司付利息，

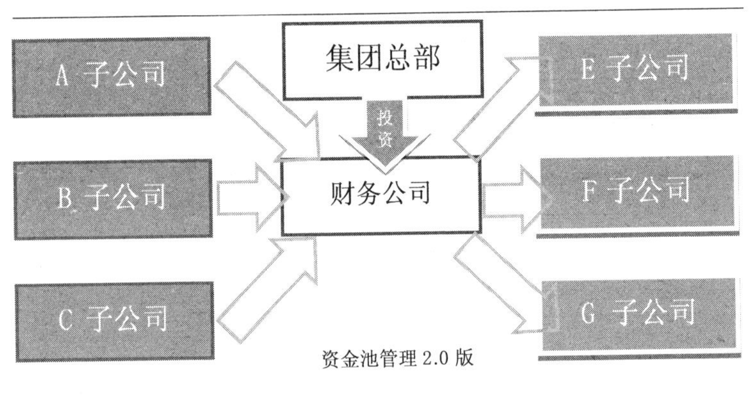

资金池管理 2.0 版

惠达是不需要缴纳营业税的。而需要钱的企业，向财务公司借钱，向财务公司支付利息，相当于从金融机构贷款，那么既然视同从金融机构借款，只要利率不超过基准利率 4 倍都能够扣除，不需要找证明了，这比上个版本好多了。

当然，成立一家财务像惠达这样的公司绝非简单，成立金融机构对相关条件要求较高。所以说，第二个方案，很难执行。

现在社会上有一种 3.0 版本的资金池管理模式，母公司进行业务上的资金管控，其主要操作就是子公司把货卖掉，子公司照样开发票，照样确认收入，但资金要汇到母公司指定的账上；然后其他子公司去采购，照样可以确认成本，可以拿到发票，进项税额抵扣，但资金钱由母公司统一支付。母子公司之间表面上并没有相互借款，但是仍然改变不了相互借贷的性质，因为这个钱是子公司的收入，只不过是暂时放在母公司这里，现在用这个钱帮子公司去付款，如果子公司在母公司的余额不足了，但资金还是母公司支付了，那么其他的资金肯定是从其他子公司的资金里支付的，相当于你用了别的子公司的资金，你们之间还是在借款，只是总部来帮你运作而已。这还是关联方借款，要受到利率的公允性的要求，但是在刚才的统一支付中，企业肯定没有按照借款来核算利息。

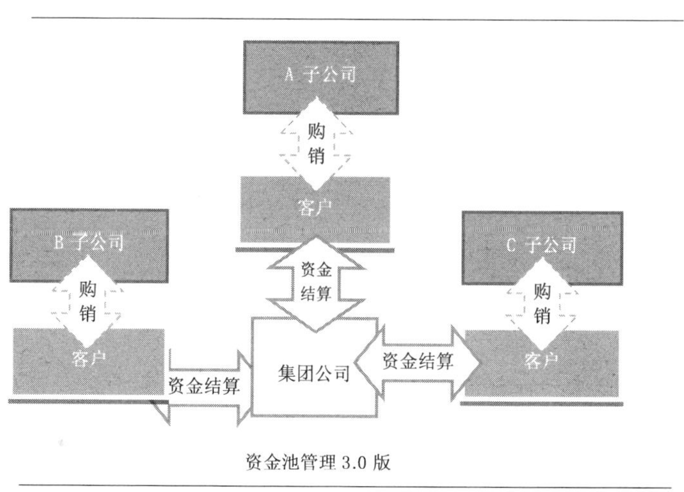

资金池管理 3.0 版

5.3 统借统贷融资模式的纳税处理与风险

有没有更好的办法呢？有，这就是统借统贷。

现在很多企业对“统借统贷”还不是很不了解。我之前收到一个学员的微信，他说他们的公司在银行借贷，借来之后给一家子公司用，另外一家子公司没用这个钱，因为那个子公司盈利的空间比较大，而用资金的这家公司盈利的空间比较小，他们想让盈利大的公司帮盈利小的这家子公司支付利息，他问我是否可行？我说不行，因为这个利息支付是这家子公司的无关支出，不能税前扣除。他说是统借统贷的运作。我说，即使是统借统贷，也要实际使用资金。下面来看一看什么是统借统贷。

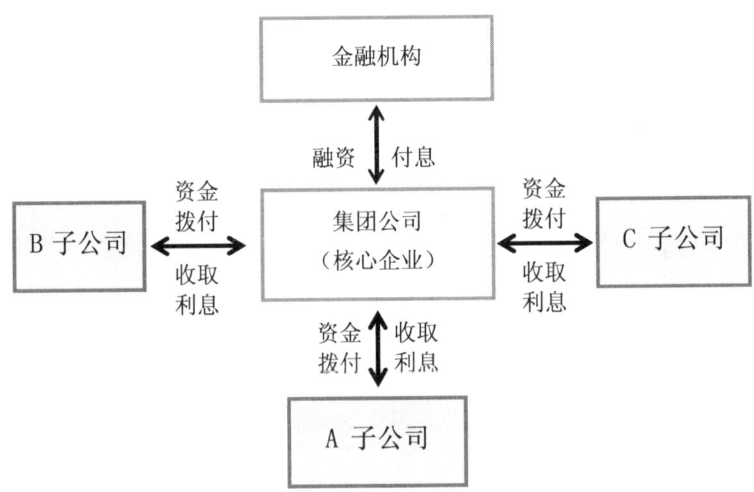

财税字〔2000〕7 号文规定：从 2000 年 1 月 1 日起，对企业主管部门货企业集团中的核心企业单位，以下称为统借方，向金融机构借款后，将所借资金分拨给下属单位，包括独立核算单位和非独立核算单位，并按支付给金融机构的借款利率水平向下属单位收取用于归还金融机构的利息，不征收营业税。如果统借方将资金分拨给下属单位，按高于支付给金融机构的借款利率水平向下属单位收取利息，则视为具有从事贷款业务的性质，应对向其下属单位收取的利息全额征收营业税。

比如，有一家集团公司有几家子公司，它们需要钱，为了打造一个融资平台就互开发票、对开发票，通过对开发票把这个公司的业务流做起来，然后把它作为一个融资平台去融资。对开发票风险很高，因为对开发票没有形成货流，没有货流的票据就是恶意虚开，交了税还是要受处罚。

现在有了统借统贷，它们就不需要违法地去运作了。由总部出面，向金融机构借钱，总部付了利息之后，再跟子公司收利息，把钱再借给子公司使用，这个在文件上叫作“分拨”。好了，假如总部向银行借钱的利息是 8%，如果总部跟子公司收 8%，这是我的利息收入，就不需要缴纳营业税；如果总部收 9%，就要全额缴纳营业税；如果总部收 6%，同样不能叫作“统借统贷”，这被视同再次借款，因为这是关联方借款，把你的成本转移给总部了，这也是不允许的。

因此，“统借统贷”还有第二句话叫作“平借平贷”，收取的利率和支付出去的利率应该是相同的。首先这个文件讲得很清楚，不叫作“借”，叫作“分拨”，而且我付的和我收的利率相同，这里我仅仅起到一个桥梁作用，是在帮助子公司跟银行、金融机构融资，本质上是子公司在和金融机构发生借贷关系，但问题是子公司把利息付给了母公司，那母公司要不要给子公司开发票呢？如果母公司开了发票给子公司不就需要交营业税了吗？如果不开发票，子公司付了利息怎么确认费用呢？怎么扣除呢？没关系，银行给公司开具利息的相关票据。我把这个清单复印几份，但是仅仅复印件不行，不是借进来5 000万元吗，我把这5 000万元分拨给子公司，应该有一个资金分配计划以及相应的利息承担计划。那么母公司可以将这些内部计划或协议及银行利息票据的复印件和原始凭证分割单给子公司，那么这些子公司就可以以此来作为你们支付给我利息的税前扣除凭证，就这么简单。

但是，这个文件你们看完之后，觉得有什么地方或细节需要关注的呢？

第一，必须是集团公司。就是公司的营业执照上必须有“集团”两个字，是经过工商登记注册的集团公司。假如，我是一个自然人，成立这个A企业，也成立B企业，也成立C企业，也成立D企业，这不能称作集团。集团公司，是为了一定的目的组织起来共同行动的团体公司，是指以资本为主要联结纽带，以母子公司为主体，以集团章程为共同行为规范的，由母公司、子公司、参股公司及其他成员共同组成的企业法人联合体。一般意义上的集团公司，是指拥有众多生产、经营机构的大型公司。它一般都经营着规模庞大的资产，管辖着众多的生产经营单位，并且在许多其他企业中拥有自己的权益。

按照相关规定，集团公司成立的条件是有以下几点：

（1）企业集团的母公司（核心企业）注册资本在5 000万元人民币以上，并至少拥有5家子公司；

（2）母公司（核心企业）和其子公司的注册资本总和在1亿元人民币以上；

（3）企业集团的母公司（核心企业）应登记为有限责任公司或股份有限公司；全民所有制企业可以作为核心企业组建企业集团，但注册资金应在1亿元人民币以上；

（4）集团成员单位均具有法人资格。

有人问，如果一家集团公司，下面还有两个子集团公司，这两个子集团同时受上面的一个母集团公司控制，譬如A集团公司下属B子集团公司和C子集团公司，B子集团公司向银行统借统贷的资金能不能分拨给C子集团公司的子公司使用呢？

第一，这是不行的，不符合上述的规定，因为这就跨集团了，除非由A集团去统借统贷，那么B和C子集团的任何子公司都可以使用此资金。

第二，这个钱从必须向金融机构借款。因此总部不能用自己的钱来发，更不能向其他非金融企业借贷，必须要提供向金融机构借款的证明及合同。

第三，最关键的是收的利息和付的利息必须相同，但是在实践中总有一些特殊的情况。比如，现在要向金融机构融资1个亿元，融资的方法很多，我信用贷款5 000万元，抵押贷款3 000万元，担保贷款2 000万元，因此我要向银行付三种不同的利率，假如分别是信用贷款利率8%，抵押贷款利率6%，担保利率9%，母公司把这1亿元融资过来之后，分拨给了A子公司3 000万元，那母公司与 A 子公司收多少利息？有人说用平均的利率。朋友们，千万不要收平均的利率，一收平均的利率，那么你收取的和支付的利率就不一样了。很简单，在与这家子公司签订资金分拨协议时，就指明这 3 000 万元是来自那笔贷款的资金，如果指定是信用贷款的资金就按信用贷款的利率收取，如果指明是抵押贷款的资金就按抵押贷款的利率来收。如果 3 000 万元里有 2 000 万元是信用贷款，还有 1 000 万元是抵押贷款，就签订两份分拨协议，一笔协议是 2 000 万元，一笔协议是 1 000 万元，分别收两种利率，只能这样做，税务部门也只认可这样做，所以，“统借统贷”操作起来还是有很多地方值得注意的。

当然“统借统贷”还是有很多个好处的。

（1）关于“统借统贷”借款利息企业所得税税前扣除凭据，税务部门一般不再要求代开利息票据。

（2）“统借统贷”借款不属于关联企业之间的借款，因此这笔资金不属于关联企业之间的借款，就不受 2:1 的限制，那么，即使我投资它是 1 000 万元，我借给它 3 000 万元，子公司支付的利息还是可以全部扣除的，不受 2:1 限制。

（3）“统借统贷”行为不属于债券型投资，可以认定为符合独立交易原则。

5.4　向自然人借款可能会给企业带来纳税风险

在企业融资中，一种情况就是企业向自然人借款，特别是向股东借款。我们先讲一下股东向公司借钱，之前碰到一个企业的财务负责人问我，他们公司的一个自然人股东向公司借了 400 万元去买别墅，问我有没有什么税收风险。我们还是先看看几个法律法规文件。

《关于规范个人投资者个人所得税征收管理的通知》（财税〔2003〕158 号，以下简称 158 号文），该文件规定：纳税年度内个人投资者从其投资企业（个人独资企业、合伙企业除外）借款，在该纳税年度终了后既不归还，又未用于企业生产经营的，其未归还的借款可视为企业对个人投资者的红利分配，依照“利息、股息、红利所得”项目计征个人所得税。

也就是说，个人股东向其投资的企业借款，在一定期限内不归还，可以视为企业对个人投资者的红利分配，要对其计征个人所得税。但从实际工作中来看，这一规定过于简单，征纳双方往往对其实际运用产生争议。

158 号文规定的个人股东向其投资企业借款征税的起止时间是在“纳税年度终了后”，根据税法规定，纳税年度通常是指公历年 1 月 1 日至 12 月 31 日。也就是说，个人股东只要向其投资企业当年度借款并在当年度不归还，就要征税。这一规定的出发点是财税部门为了堵塞个人股东通过向企业借款变相分红，从而不缴税的税收征管漏洞。但机械地照搬文件也不对。假设个人股东 2012 年 12 月 30 日向企业借款 100 万元，在 2013 年 1 月 1 日归还，按照以上文件规定，短短两天，必须要缴纳 20 万元的个人所得税，这显然违背了 158 号文的立法本意，有失公允。这也是征纳双方争议的焦点。那么在实际操作中，对个人股东借款未归还的期限到底应如何界定呢？

《个人所得税管理办法》（国税发〔2005〕120 号）第三十五条第四款："加强个人投资者从其投资企业借款的管理，对期限超过一年又未用于企业生产经营的借款，严格按照有关规定征税。"

这里对借款归还期限征税的规定是一年，和 158 号文规定的"纳税年度终了后"存在明显区别。那么究竟以哪个文件为准呢？虽然 120 号文是税收征管文件，属于程序性文件，但依据"前文服从后文"立法原则，应以 120 号文规定为准。而且，从一般常识推断，一般股东从被投资企业借款，终归需要设定一定的还款期限，还款期限越长，股东变相分红的风险越大。从这个角度来说，超过 12 个月不归还具有长期占用的特点，在这种情况下对其推定为分配股息红利来征收个人所得税才是合适的。

通过上述文件可以看出，如果公司股东向公司借钱一年之内不予归将视为股利分配。公司老板只要向公司借款，这个钱借走之后一年不还就要替他缴纳 20% 的个人所得税，很多企业没交，一挂就好几年，特别是垫资，很多公司开业，对方垫资 500 万元，而成立之后，资金就撤走了，其资金要么挂客户名下要么挂老板名下，一挂就挂好几年，税务部门一旦发现，就要收20%的个人所得税的。

有人说，公司股东借钱一年之内不还视同股利分配，但如果借钱的人不是股东，是否就不存在股利这一说法了呢？比如，老板娘不是股东，但是国家在2008年颁布了财税83号文《关于企业为个人购买房屋或其他财产征收个人所得税问题的批复》，该文件规定：企业投资者个人、投资者家庭成员或企业其他人员向企业借款用于购买房屋及其他财产，将所有权登记为投资者、投资者家庭成员或企业其他人员，且借款年度终了后未归还借款的，不论所有权人是否将财产无偿或有偿交付企业使用，其实质均为企业对个人进行了实物性质的分配，应依法计征个人所得税。可见，老板娘即使不是股东，但是她属于家庭成员，也要交税。看来老板娘这条路行不通了。

公司向股东借钱，这属于关联方借款，有各种限制。因此干脆不要借了，直接股东增资。比如公司现在缺200万元，如果跟股东借200万元是需要按照公允的利息支付给股东，同时股东还要缴纳营业税和个人所得税。

还有一种特殊情况，也经常发生。就是公司没钱了，也没有资产抵押，借不到钱，老板个人名下有豪车，老板能否以个人资产去抵押向银行借款，把钱借来给公司用，这个利息能不能在公司税前扣除呢？这个利息应该是个人承担，从法律上讲与公司无关，但是税法上还有一个实质重于形式的原则。河北省地方税务局2011年第1号公告，文件规定，对个人将自己的资产作抵押向金融机构贷款、企业使用（个人与企业之间必须有相关的协议）发生的利息，在确认该项贷款直接划入企业银行账户，利息支出由企业账户划出后，允许企业在计征所得税时扣除。

个人要与公司签订相关合同，没有说明要签订什么形式的协议，但是我建议不要签订借款合同，如果公司与个人签订借款合同，就子把债权人和债务人明确了。我建议签订委托融资协议，公司委托个人帮助去融资，债务人是我，债权人暂定，只是公司委托个人帮忙去融资。老板有资产，于是老板用个人资产向银行抵押，那么他就要和银行签订借款协议，在这个借款协议上，要约定该项贷款将来直接划入企业银行账户，发生的利息支出由企业账户支付，只有这样，相关的借款利息才能够在企业的所得税税前扣除，这就是实质重于形式。

5.5 吸收投资可能会同时吸收来纳税风险

接下来我们往下看，还有一种融资方式，就是吸收投资。

假如你有一家企业，我把500万元投资到你的公司，我用货币投资只需要缴纳印花税。你吸收货币投资，一般情况下也是不需要缴税的。因为你“借：银行存款 贷：实收资本”，而我“借：长期股权投资，贷：银行存款”，但是在这种货币性投资的情况下，有一种非常特殊的情况，就是我给你出资500万元，你怎么记账，你公司“借：银行存款500万元，贷：实收资本 450万元，贷：资本公积50万元”，在这种情况下，你公司那个50万元的资本公积要不要缴税呢？那就不一定了。虽然这50万元是放到了资本公积，但到底是什么钱？有可能理解为是人家企业捐赠给你的。虽然按照会计规定接受捐赠的放营业外收入并不直接放资本公积，但企业完全可以为了避税跳过营业外收入直接放资本公积。那为什么投资还要捐赠呢？例如小孩要上名校，要先交赞助费才可以交学费。公司也一样，公司的股权相当畅销，很少人想要公司的股权，想要买可以，先交赞助费才有资格买公司的股权。因此我完全可以理解为这50万元是接受捐赠的，如果是接受捐赠的就要缴税。当然我也可以理解为这50万元是股权溢价取得，到底是哪个？由税务部门认定，因为合同上不一定把这50万元进行明确，或者只说A方出资500

万元获得B公司价值450万元股权，税务部门把这50万元鉴定为接受捐赠的也有可能。因为你没证据。

所以说，如果是接受的货币投资而且货币与股权是对价的，一分钱的货币拿到一分钱的股权，这里只交一个印花税。如果是不对价的，我出的货币和获得的股权价值就有差别，那么股权转让方把超过股权价值的放到资本公积，股权价值的部分放到实收资本，就要这资本公积的钱就要区分为是接受捐赠的还是股权溢价的，如果是接受捐赠就要缴纳所得税，如果是股权溢价的现在不需要交企业所得税，这是货币化投资。

下面来讲一讲非货币化投资，即用实物来投资。

用实物来投资的就要看股东是企业还是自然人。如果我是一家企业，拿我们的车投资到你公司这称作视同销售，但是个人拿实物来投资不能称作视同销售。视同销售在税务上怎么处理？如果你投资的是一般动产，像存货、机器设备，增值税上视同销售要计算销项税额；如果投资的是房产或无形资产，房产、土地使用权、无形资产投资一般免营业税。但是这也不一定，要看你把这不动产、房产投资之后，你对那个公司是否共享盈余、共同承担风险。

比如，有一家公司在上海有憧办公楼，是以前买的，要投资到我公司一起干，我公司同意了，但事先说好，这房子投资到公司，你怎么处理我不管，但你每年须给我公司100万元。虽然签订的合同叫作投资，但这实际上是租赁给你，因为你只享受了收益并没有承担风险。因此相当于卖房要交营业税，要想投资免营业税必须是共享盈余共担风险。如果投资的是土地、房产还要缴纳什么税？土地增值税，当然如果投资联营的双方均不是房地产开发企业可以免缴纳土地增值税。被投资方接受投资的房产和土地还要缴纳一道契税，这是投资的行为。

投资之后将来就可能对房产产生评估或者增值，现在重点讲讲资产评估增值时相关的税收问题，你把房子投资进来入账价值300万元，经过几年之后，房子升值了，评估报告的市场公允价值1 000万元，税不需要缴纳，为什么？因为此时此刻你只知道这房产值1 000万元，并没有做任何调整。如果这时你决定根据评估报告把增值的700万元调增固定资产价值，调整了账面成本，这时公司对评估增值的部分要缴纳企业所得税。那你为什么要评估增值呢？因为将来要增资的，因为那增值的700万元是放在资本公积的，还要把资本公积资金转到实收资本，将资本公积的钱转到实收资本视同股息红利分配。股东是自然人的要缴纳个人所得税20%，股东是法人的不缴纳企业所得税。因为符合条件的居民、企业之间的股息红利所得是免税的。

如果对个人的非货币性资产对外投资，其获得股权的价值高于他当初获得该资产时所花的代价。比如，我有个房子当初买的时候花了300万元，现在作价500万元投资到你公司名下，也就获得了价值500万元的股权，那超过成本部分的200万元我要不要缴纳个人所得税呢？

国家在2015年颁布了一个新的文件，就是财税〔2015〕41号文，该文件规定：个人以非货币性资产投资，应按评估后的公允价值确认非货币性资产转让收入。非货币性资产转让收入减除该资产原值及合理税费后的余额为应纳税所得额。个人以非货币性资产投资，应于非货币性资产转让、取得被投资企业股权时，确认非货币性资产转让收入的实现。个人应在发生上述应税行为的次月15日内向主管税务机关申报纳税。纳税人一次性缴税有困难的，可合理确定分期缴纳计划并报主管税务机关备案后，自发生上述应税行为之日起不超过5个公历年度内（含）分期缴纳个人所得税。

文件确定了“个人以非货币性资产投资，应按评估后的公允价值确认非货币性资产转让收入。非货币性资产转让收入减除该资产原值及合理税费后的余额为应纳税所得额”，这就需要缴纳个人所得税。并规定，“纳税人一次性缴税有困难的，可合理确定分期缴纳计划并报主管税务机关备案后，自发生上述应税行为之日起不超过5个公历年度内（含）分期缴纳个人所得税”。请注意，是“不超过5个公历年度内（含）分期缴纳”，到底怎么分，是纳税人自己决定，不是说一定要平均，只要5年之内缴纳完毕就行，而且你的分缴计划是不需要税务机关审批的，只要备案就行。

第六章

物资采购：增值税不要为了抵扣而抵扣

——在实施销售业务时，一定要做好“四流统一”，即跟谁签订合同，就跟谁发生业务关系，就跟谁收款，发票就开给谁。

——公司的增值税其实就是公司销项税额的一部分，既然销项税额是公司替国家代收的，那么公司缴纳的增值税也不是公司的钱。

——不要为了抵扣而抵扣，否则会得不偿失！取得增值税专用发票不是目的，取得增值税专用发票只是为了抵扣进项税额，最终的目的是减少企业在采购活动中的资金流出，减低企业的采购成本。

6.1 你知道你虚开了增值税发票吗

采购，说到这个词大家就会想到一个概念——增值税专用发票。那么拿到的增值税发票，你能不能判断出它是虚开呢？如果有的企业真的是想去虚开发票，它就会故意去做，比如，双方先签订合同，把合同的价税合计款全打过去，造成数据上的资金流，然后对方把票开给我，然后把手续费留下，余款还给我，一般是打到老板的个人账户。

但是，许多企业虚开了增值税发票却不一定知道，这是真的。很多公司的财务处会经常跟公司的业务员特别是采购部的人员叮嘱："你们出去找客户一定要找能给我们开增值税专用发票的企业。因为只有找到一般纳税人才能拿到增值税专用发票，我才可以把在购货时付出去的进项税额抵扣回来。"但是采购员就会非常纠结，因为小规模纳税人和是一般纳税人都能提供同一种材料，并且质量差不多，小规模价格便宜但是不能开具增值税专用发票，一般纳税人能开具增值税专用发票但是价格贵。作为采购部来讲，采购部是成本控制中心，他们在采购时要进行成本控制。

从采购部自己的角度来讲，他们当然希望选择小规模纳税人，因为价格便宜，但这样财务部门是不会同意的，因为没办法拿到增值税专用发票。正当采购员犹豫不决时，小规模纳税人的老板过来听到后，说“放心，保证给你的是增值税专用发票。”于是立刻签订了合同。

现在问问大家，公司在买货的时候，一般情况下是先拿票回来还是先付款？是在什么时候看到采购合同？有人说，“付款的时候”。这没错。采购员此时会拿着合同和请款单跑到财务处请求付款。如果公司是先拿发票，再付款，那么当你们拿到那张增值税专用发票时，应该还没有看到采购合同，即不一定知道你们到底是跟谁签订的合同、跟谁买的货。

这公司老板果然给了一张增值税发票。拿到财务处让会计付款，但要注意，由于采购员是先拿票，再付款，财务处拿到这票时应该还没有看到采购合同。还不知道公司到底是跟谁买的货。认证肯定能通过，因为这张发票也是增值税系统开出来的。于是财务处就把这张票在当月抵扣了。但是这张票是哪来的呢？有可能是供货商的上家是一般纳税人，上家把增值税发票开给供货商是没用的，无论上家开增值税发票还是开普票都是17%的税率，于是供货商就让上家把票开给了采购员的企业，所以采购员才会拿到增值税专用发票。3个月后，采购员拿着那份采购合同来财务处要求付款。财务人员此刻很难发现现在付款的这个公司和当时开票的公司不一致，因为这3个月期间公司会有很多票据往来，财务人员可能还以为现在的这个付款是另外一笔新的先付款后拿票的业务。即使通过存货、入账单、运输单看到了不一致，但是这张票的进项税早抵扣了，不该抵扣的抵扣了。所以，在多数情况下，公司虚开发票或者取得虚开发票的公司自己都不一定知道，就这样在不经意之间就发生了。

是什么原因造成企业虚开票呢？《发票管理办法》规定：“发票，是指在购销商品、提供或者接受服务以及从事其他经营活动中，开具、收取的收付款凭证。”因此很多财务就认为发票就是单纯的收付款凭证，你给我钱嘛，我给你开票。这样理解是非常错误的。因为有时，很可能由第三方来帮这个合作伙伴来付款，但是我们的发票须开具给与我们签订合同的那家企业，那么怎么才能合法呢？

目前，由于我国的增值税链条很不完善，无论在采购方面还是销售方面都存在发票问题。有的企业要用增值税发票，有的不要。如房地产开发企业、施工企业、服务行业、金融行业等都不需要增值税发票。对一般纳税人来说，如果客户是上述公司就应该开普通发票。但有的是小规模纳税人，就没有增值税发票，这造成了销售市场上发票比较混乱的状况。当采购人员在采购原材料时，常常会出现这家企业给开具的是增值税发票，那家企业开具的是普通发票，由于发票的不同，直接影响采购方的进项税抵扣，影响税收负担。这就需要采购人员在签订合同时合理合法地进行管理。

举个例子，甲公司是专业生产取暖设备的企业，一般纳税人。2011年，甲公司采购员小王想从乙公司购进一批不锈钢管件，并与乙方签订了50万元的购销合同。但是，由于乙方属小规模纳税人没有增值税发票，造成了甲方不愿购买，将合同取消了。

小王不得不又回来找乙方协商。小王问：“你们是否想与我们长期合作？”

乙方：“当然想。”

小王："如果想与我们合作，但因为你们属于小规模纳税人，没有增值税发票，会给我们公司增加税收负担，为了合作是否可以采取折中的办法，你们公司把价格降低一点，如果可以，我们可以与你们长期合作，我们也就不在乎拿什么样的发票了。"

没想到乙方一口回绝："不行，想买就买，不想买就拉倒。"

这可真让小王为难了。不买，公司等着用。买，公司有规定必须要增值税发票。

就在此时，乙方的业务员突然对小王说："不就是想要一张17%的增值税发票吗？想想办法也不是不可以。"

小王疑惑地问："你不是没有增值税发票吗？怎么能开得出来呢？"

对方答曰："我们的供应商都有增值税发票，我们从广东（丙）采购不锈钢时，就不让供应商给我们开发票了，让他们直接给你们开出来即可。"

可是小王能这么做吗？

从下图我们不难看出乙方的建议是：

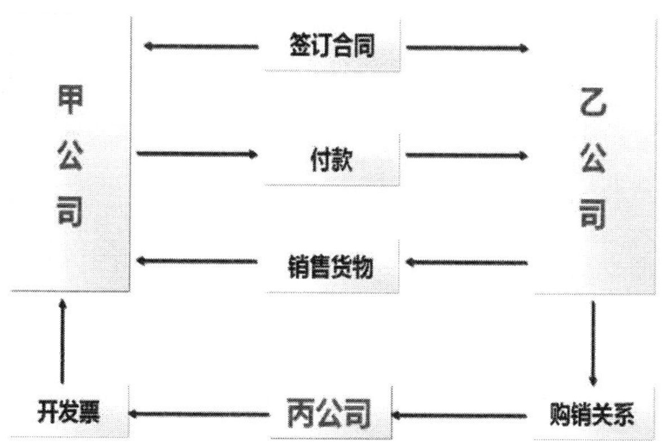

第一，甲方与乙方签订的是采购合同。

第二，甲方向乙方付货款。

第三，乙方向甲方发货。

第四，丙方将发票开给甲方。

显然，甲方向乙方购买的是不锈钢管件，而丙方向甲方开具的发票是不锈钢材料，发票开具的产品名称与实际产品名称不符。以这种方式取得发票将导致的结果是甲方恶意取得虚开的增值税发票，丙方虚开（替别人开）增值税发票。

根据国税发〔2000〕182号国家税务总局关于《国家税务总局关于纳税人取得虚开的增值税专用发票处理问题的通知》的补充通知规定：

有下列情形之一的，无论购货方（受票方）与销售方是否进行了实际交易，增值税专用发票所注明的数量、金额与实际交易是否相符，购货方向税务机关申请抵扣进项税款或者出口退税的，对其均应按偷税或者骗取出口退税处理。

（1）购货方取得的增值税专用发票所注明的销售方名称，印章与其进行交易的销售方不符，即134号文件第二条规定的"购货方从销售方取得第三方开具的专用发票"的情况。

（2）购货方取得的增值税专用发票为销售方所在省（自治区、直辖市和计划单列市）以外地区的，即134号文件第二条规定的"从销货地以外的地区取得专用发票"的情况。

（3）其他有证据表明购货方明知取得的增值税专用发票系销售方以非法手段获得的，即134号文件第一条规定的"受票方利用他人虚开的专用发票，向税务机关申报抵扣税款进行偷税"的情况。

另根据中华人民共和国主席令〔1995〕第57号《全国人民代

表大会常务委员会关于惩治虚开、伪造和非法出售增值税专用发票犯罪的决定》规定：

虚开增值税专用发票的，处三年以下有期徒刑或者拘役，并处2万元以上20万元以下罚金；虚开的税款数额巨大或者有其他严重情节的，处三年以上十年以下有期徒刑，并处5万元以上50万元以下罚金；虚开的税款数额特别巨大或者有其他特别严重情节的，处十年以上有期徒刑或者无期徒刑，并处没收财产。

在目前市场上，不少企业像乙公司一样为了达到进项税抵扣的目的，取得一些非法的增值税发票，甚至去购买一些其他单位的增值税发票，这些都属于违法的行为。国家虽然三令五申强调不得随意取得非法的增值税发票，但是仍然不断有人以身试法。这些做法将给国家造成巨大损失，也给企业带来很大法律风险。

那么，小王该怎么做呢？

假设小王需要购进100万元不锈钢管件，根据加工方乙方的实际情况，生产这100万元的产品需要购进70万元原材料。

那么，可以由甲方小王直接与丙方签订购销合同，并付70万元给丙方，再将丙方的货物直接移送给乙方，再与乙方签订30万元的加工合同，由乙方给甲方加工所需要的产品。这样，甲方就能从丙方处取得70万元的增值税发票；从乙方取得由乙方到税务机关代开的6%的增值税发票。这种“委托加工”的业务方式不仅合法，而且取得的70万元增值税发票可以抵扣17%，30万元加工费增值税发票可以抵扣6%。这样，虽然加工费发票上要损失一部分，但在70万元的材料费上并没有损失。既合法又减轻税收负担，更重要的是避免了取得虚开增值税发票的风险。

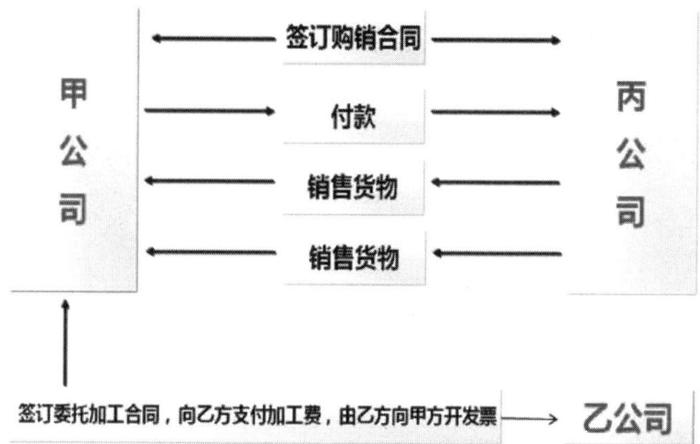

再举个例子，南京某水泥厂对外销售水泥，委托运输公司承运。后来由于运输公司的价格比较高，水泥厂决定委托当地的个体运输户承运，并与个体运输户签订了“运输合同”。但是，这些个体运输户都是挂靠在当地某运输公司上的，要开发票就要将税和管理费交给运输公司。

几个月后，个体运输户到水泥厂来进行运费结算时，带来的发票都是当地某运输公司的发票。水泥厂取得发票后，将运费以现金形式付给个人。将发票用于抵扣7%的进项税，抵扣额为23万元，相互关系见下图。

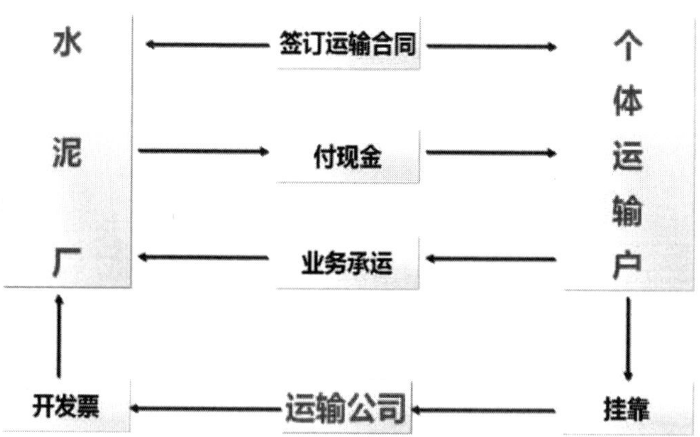

但税务机关在稽查时认定：合同、结算方式、业务承运与发票开具单位不符，进项税不得抵扣。

其实，如果上述业务的发票不是到运输公司开具的，而是让税务机关代开，就是合法的。

个人既然挂靠在运输公司上，由运输公司直接与水泥厂签订“运输合同”，水泥厂将运费付给运输公司，水泥厂取得运输公司开具的发票也是合法的。

因此，合同如何签订对业务过程起了决定性作用，企业必须重视合同管理，随意签订合同的风险太大了。

从上述两个案例可以看出，税款如何缴纳不是看账如何做，而是看业务如何做。风险是由业务过程产生的，因此公司一定要加强合同的管理，一定要让业务部门按照税法的规定做业务、签订合同，这样才能规避税收风险。

再次请大家注意：在实施销售业务时，一定要做好“四流统一”，即跟谁签订合同，就跟谁发生业务关系，就跟谁收款，发票就开给谁。其中，合同流程和发票流程尤为重要，这两者一定要统一。其判断标准是，合同的甲乙双方要与发票的开票方和受票方一致。

6.2 正确认识和理解增值税才会降低纳税风险

接下来，我就和大家分享一下，到底什么是增值税，只有真正理解增值税，将来才可能把这个税管理好。

随着“营改增”的推进，2016 年 3 月 23 日财政部、国家税务总局发布了《关于全面推开营业税改增值税试点的通知》（财税〔2016〕36 号）所有的企业将来都要去缴纳增值税的，如果我们对增值税不了解，不仅算不好这个税，更管理不好这个税。在讲增值税时，我说一句话就是：“买家永远向卖家付两笔钱。”一笔是货款，一笔是进项税额。这句话是永远不变的。

有人说付的是一笔钱，那是把价和税一起结算，一起给也是两笔钱。反过来就是卖家在卖货的时候跟买家收两笔钱，一笔是货款，一笔是销项税额。即买家付出来的税款对买家来说叫作“进项税额”，卖家收到的税款对卖家来说叫作“销项税额”。销售税额不是卖家的收入，其实是卖家替国家代收的一笔税款，将来要给国家的。但是你在将来把这个销项税额上缴国家时可以将你原来买货的时候支付出去的进项税额留下来，这个行为叫作抵扣。很多企业特别希望抵扣进项税额。但是大家不要忘记抵扣回来的每一分钱进项税额都是之前付出去的。公司抵扣得越多说明之前付得越多，付得越多就说明公司资金流流出量就越大，公司资金就被别人占用得越多。但如果抵扣得少，那增值税就高了。增值税高不可怕，因为你们付出去的每一分钱增值税都不是你的钱，因为增值税是公司的销项税额减去进项税额算出来的，也就是说公司的增值税其实就是公司销项税额的一部分，既然销项税额替国家代收的，那么缴纳的增值税也就不是你的收入。在企业所得税汇缴时，公司各种税金都能在税前扣除，唯有增值税是不能扣除的，因为这个钱不是你公司的收入。

我现在举个详细的例子帮助大家理解。假如我现在是买家，跟一家企业买一批货，刚才讲了买家永远向卖家付两笔钱，没错，货款我已经给对方了，我再给它 200 万元进项税，公司还没有做任何的加工生产，我就把 200 万元付出去了。我把产品生产出来卖给了下一家，自己变成卖家，既然买家永远向卖家付两笔钱，那么反过来卖家就要跟买家收两笔钱，一笔是货款，一笔是销项税。这个钱对我来讲是销项税，这个钱要给国家的，相当于代收的人。但我并不需要把这 300 万元全部给国家，因为我之前支付了 200 万元，上家给了我一张增值税专用发票，上面注明我付了多少价款，多少税款，以真实证明我的支付额。我就可以把这 200 万元留下来，因此还剩 100 万元，这 100 万元就不叫作销项税了，应该叫作增值税，你可以发现公司交出去的每一份钱增值税都是销项税的一部分。所以说公司交的增值税再多没有关系，因为公司交的增值税是下一家的，你只要能把你之前付的进项税如数地抵扣回来即可。因为你的增值税税负率再高都不是你的钱。

很多企业说，“如果买货的时候拿到的发票是普通发票，那付的进项税就拿不回来，因此跟业务员讲出去买货，找客户，一定要拿增值税发票票回来”。

举个案例：某服装生产企业为增值税一般纳税人，适用税率为17%，预计每年可实现含税销售收入为500万元，需要外购棉布200吨。现有A、B、C三个企业提供货源，其中A为生产棉布的一般纳税人，能够出具增值税专用发票，税率为17%；B为生产棉布的小规模纳税人，能够委托主管税务部门代开增值税征收率为3%的增值税专用发票；C为个体工商户，仅能提供普通发票。现在你愿意和谁买？选哪个？假如现在A、B、C、三个企业所提供的棉布质量相同，但含税价格却不同，分别为每吨2万元、1.55万元、1.45万元。作为采购人员，应当如何进行供货商的选择呢？

如果跟A买货，要不要先给A公司2万元，然后A公司给我们开一张增值税专用发票，这个2万元是含税价，可以抵扣多少钱呢？20 000÷（1+17%）×17%=2 906元，用2万减掉它，得到17 094就是与A公司购货进入原材料的成本，是你跟A买货时总共的资金净流出量。

如果跟B公司买货，先付给它1.55万元，然后它能给代开3%的增值税发票，那么能抵扣回来3%，把这个钱重新又减掉，最后的余额是15 049元，也就是选择跟B公司购货进入原材料的成本，是付给B的总的资金净流出量。

如果跟C买货，C只给我普票，一分钱不能抵扣，因此我付出去的1.45万元有没有任何钱可以拿回来。因此，跟C买货总共花的钱是1.45万元。

大家可以发现，虽然跟A买货能够抵扣，但是即使抵扣了所花的钱比都比跟C买货不能抵扣所花的钱还要多，因此应该选择跟C公司购买。如果说价格都一样，拿不拿增值税发票所花的代价会不一样，这时你会选择小规模纳税人吗？几乎很少。所以我们要注意，取得增值税专用发票的目的是什么，不是为了拿到票，只是因为这个增值税专用发票是证明你在买货的时候支付出去多少钱的进项税，凭它能把这个钱重新拿回来，因此在买货时拿到增值税发票就是想通过增值税发票加强抵扣，使你整个的采购活动中的资金流出量减少。但是如果我跟这个企业买货，付给它的价和税加起来都比你选择跟别的公司买抵扣后还要少，你说我现在选哪个？我举个极端的案例。我跟 A 买货每吨 10 万元开增值税发票，跟 B 买货每吨 1 万元开普票，你说我跟谁买？我跟 B 买货，即使拿不到增值税发票不能抵扣，但我的资金流出量都比跟 A 买货抵扣完后还要少。所以，记住不要为了抵扣而抵扣，你如果一味地要让采购员拿增值税专用发票回来，就很可能造成采购员那种很纠结的状态，他可能会为了达到这个目的而不择手段。

现在问题又来了，这些原材料不管跟谁买进来都是一样的原材料，都变成了产成品的一部分，最后把这个产品，卖向市场，不管是跟谁买的原材料这个产品的卖价都一样。既然卖价一样，那我公司的销项税额应该也是一样的，但这三家公司提供的货源使我抵扣的进项税是不一样的，大家这时就会发现跟 C 公司买货由于没有取得增值税专用发票，最后的增值税是最高的，那到底要不要跟 C 公司买货呢？其实这一点大家不必担心，因为公司的销项税额再多，这钱也不是你的收入，因为它是你替国家代收的，不是你公司的收入。因为增值税额是用销项税减去进项税，进项税是你自己的钱，因此如果从自我保护的角度来讲，只要能把进项税全部抵扣完，不管交多少增值税都跟我没关系。

这时有人会说，如果我们能在进项税全部抵扣回来的同时，尽可能地将收来的销项税额再多留点来，岂不更好！怎么留？只有增加进项税额。因为我们大家都知道要想公司减少增值税额，多留销项，只有增加进项，多抵扣一些进项税额。但是要想多抵扣进项税额，必须提供抵扣凭证，也就是增值税专用发票。比如，公司当期实际购货取得的增值税专用发票上显示进项税额 300 万元，你现在想抵扣 500 万元，多抵扣 200 万元，那就要再取得标注有 200 万元进项税额的增值税发票，

在这种利益的趋势下，为了多抵扣就去虚开，但虚开发票可是违法行为！跟大家分享一些增值税违法的知识。《刑法》第二百零五条规定：虚开增值税专用发票或者虚开用于骗取出口退税、抵扣税款的其他发票的，处三年以下有期徒刑或者拘役，并处二万元以上二十万元以下罚金；虚开的税款数额较大或者有其他严重情节的，处三年以上十年以下有期徒刑，并处五万元以上五十万元以下罚金；虚开的税款数额巨大或者有其他特别严重情节的，处十年以上有期徒刑或者无期徒刑，并处五万元以上五十万元以下罚金或者没收财产。

单位犯本条规定之罪的，对单位判处罚金，并对其直接负责的主管人员和其他直接责任人员，处三年以下有期徒刑或者拘役；虚开的税款数额较大或者有其他严重情节的，处三年以上十年以下有期徒刑；虚开的税款数额巨大或者有其他特别严重情节的，处十年以上有期徒刑或者无期徒刑。

还有，最高人民法院给了相应的司法解释：

（1）虚开税款数额 1 万元以上的或者虚开增值税专用发票致使

国家税款被骗取 5 000 元以上的，应当依法定罪处罚；

（2）虚开税款数额 10 万元以上的，属于“税款数额较大”；

（3）虚开税款数额50万元元以上的，属于“虚开的税款数额巨大”；

（4）利用虚开的增值税专用发票实际抵扣税款或者骗取出村口退税 100 万元以上的，属于“骗取国家税款数额特别巨大”；

（5）造成国家税款损失 50 万元以上信并且在侦查终结前仍无法追回的，属于“给国家利益造成特别重大损失”；

（6）利用虚开的增值税专用发票骗取策国家税款数额特别巨大、给国家利益造成特别重大损失，为“情节特别严重”的基本内容。

各位，请大家看清楚，虚开税款数额 1 万元以上的或者虚开增值税专用发票致使国家税款被骗取 5 000 元以上的，应当依法定罪处罚。一张增值税发票上的税额是 1 万元，涉及的货款也就是 58 823 元，也就是只要虚开不到 6 万元的增值税发票，就构成犯罪。所以大家千万不要为了多抵扣一些或者为了一些蝇头小利而去触犯法律的底线。

6.3 怎么样才能正确识别和避免虚开增值税发票

虚开增值税专用发票或者虚开用于骗取出口退税、抵扣税款的其他发票，是指有为他人虚开、为自己虚开、让他人为自己虚开、介绍他人虚开行为之一的，违反有关法规，使国家造成损失的行为。参照1996年10月17日最高人民法院《关于适用〈全国人民代表大会常务委员会关于惩治虚开、伪造和非法出售增值税专用发票犯罪的决定〉若干问题的解释》之规定，具有下列行为之一的，即属本罪的虚开：

（1）没有货物购销或者没有提供或接受应税劳务而为他人、为自己、让他人为自己、介绍他人开具；

（2）有货物购销或者提供或接受了民应税劳务但为他人、为自己、让他人为自己、介绍他人开具数量或者金额不实；

（3）进行实际经营活动，但他人为自己代开其余的对不能反映纳税情况的有关内容作虚假填写。

根据现行的税法规定，可分为两类，一是“恶意接受虚开发票”，二是“善意取得虚开发票”。“恶意接受虚开发票”又分为两种，一种是唆使他人为自己开具的行为，另外一种是明知他人是虚开也接受的行为。“善意取得虚开发票”是指购货方与销售方存在真实交易，且购货方不知取得的发票是以非法手段获得的（借鉴国税发

〔2000〕187号善意取得虚开的增值税专用发票规定）。

税法规定的恶意标准：在货物交易中，购货方从销售方取得第三方开具的专用发票，或者从销货地以外的地区取得专用发票，向税务机关申报抵扣税款或者申请出口退税的，应当按偷税、骗取出口退税处理（《国家税务总局关于纳税人取得虚开的增值税专用发票处理问题的通知》国税发〔1997〕134号）。

随后，国税总局再次发文《国家税补充务总局关于纳税人取得虚开的增值税专用发票处理问题的通知》补充通知（国税发〔2000〕182号）：有下列情形之一的，无论购货方（受票方）与销售方是否进行了实际的交易，增值税专用发票所注明的数量、金额与实际交易是否相符，购货方向税务机关申请抵扣进项税款或者出口退税的，对其均应按偷税或者骗取出口退税处理：

（1）购货方取得的增值税专用发票所注明的销售方名称、印章与其进行实际交易的销售方不符的，即134号文件第二条规定的“购货方从销售方取得第三方开具的专用发票”的情况。

（2）购货方取得的增值税专用发票为销售方所在省（自治区、直辖市和计划单列市）以外地区的，即134号文件第二条规定的“从销货地以外的地区取得专用发票”的情况。

（3）其他有证据表明购货方明知取得的增值税专用发票系销售方以非法手段获得的，即134号文件第一条规定的“受票方利用他人虚开的专用发票，向税务机关申报抵扣税款进行偷税”的情况。

善意标准：税法没有特别明确。实践中认为，第一，购货方必须自始至终不知道销售方提供的专用发票是以非法手段获得的；第二，购货方取得专用发票是为了实现良好、合法的目的，即依法抵扣进项税款或者获得出口退税；第三，只要购货方与销售方进行了真实的交易，销售方提供的是其所在省、自治区、直辖市或者计划单列市的专用发票，专用发票注明的销售方名称、印章、货物数量、金额及税款等全部内容与实际相符，且没有证据表明购货方知道销售方提供的专用发票是以非法手段获得的，税务机关就可按照“善意”推断。

2014年7月份国家税务总局出台了2014年第39号公告，也就是《国家税务总局关于纳税人对外开具增值税专用发票有关问题的公告》，文件规定：纳税人通过虚增增值税进项税额偷逃税款，但对外开具增值税专用发票同时符合以下情形的，不属于对外虚开增值税专用发票：

（1）纳税人向受票方纳税人销售了货物，或者提供了增值税应税劳务、应税服务；

（2）纳税人向受票方纳税人收取了所销售货物、所提供应税劳务或者应税服务的款项，或者取得了索取销售款项的凭据；

（3）纳税人按照规定向受票方纳税人开具的增值税专用发票相关内容，与所销售货物、所提供应税劳务或者应税服务相符，且该增值税专用发票是纳税人合法取得、并以自己名义开具的。

受票方纳税人取得的符合上述情形的增值税专用发票，可以作为增值税扣税凭证抵扣进项税额。

判断这虚开是善意的还是恶意的呢？这里有四个方法来判断。

第一个方法，从纳税人是否有货物交易上来认定。

我们之前也讲过，如果想虚开一张发票，没有货流而却形成票流，那么这张发票就是虚开，而且是恶意虚开。税务机关一般对纳税人取得的已证实是虚开的增值税专用发票，首要环节是核实纳税人是否真正发生购销业务。具体可以通过对纳税人的有关财务凭证、购销合同、货物运输方式、仓库验收记录、货物存放保管、发出领用等单证核实；其次询问相关证人，若证实纳税人取得的虚开增值税专用发票并没有货物交易，可认定纳税人是恶意取得增值税专用发票；若证实纳税人确有货物购进，则要进一步调查取证，但不能仅以取得虚开发票受票方的有关记录和利益相关人员的证词作为证据。为防止受票方做假账、做伪证逃避税务机关检查，税务机关还应进一步向开票方或供货方调查取证，了解其发货品种、数量是否与发票的内容相符，以佐证受票方货物交易的真实性。

如果有货流，但票流和货流不一致，那也可能是虚开，但应是善意的虚开。这就需要向税务机关说明为什么没有货流？很可能是与供货商发生经济纠纷，对方把我的货一直扣押着，还可能，这个生产周期突然变长，生产要求提高，要重新去生产、加工或者改造升级，当然，这个原因也要得到我们供货商的认可，你说有经济纠纷，供应商说没有，那就麻烦了。但是如果真的是没有货流的票，那就是恶意虚开。

第二个方法，从纳税人取得和虚开的发票上的有关内容是否一致来认定。

如果你拿到的发票上显示的是 A 货，而仓库的进货单上显示的货是 B 货，被税务机关发现，这时增值税发票就有可能被认定为虚开。因为你的票流和货流上面的名称不一致。比如，我跟他买货，买这个杯子，那么他给我开发票应该是杯子发票，但他是小规模纳税人，不能开增值税发票，但他的上家有增值税发票，如果他是个商业企业，那么上家卖给他的也是杯子，这时上家把增值税发票开给我，名称应该一样，但这还是虚开。因为发票留根、合同留根各一份，我是跟他签订的合同，发票是上家开给我的。如果上家是加工制造业，他卖给我的是杯子，但是上家卖给他的是不锈钢，如果上家给我的发票是不锈钢，而我入库的是杯子，税务机关会认为增值税票虚开。这不仅增值税要面临处罚，所得税会更高，因为仓库里有杯子，账上却没杯子，因为你拿的发票是不锈钢，最后仓库里的杯子只能按盘盈处理。账上有不锈钢，仓库里有没有不锈钢，只能按照盘盈处理盘亏。千万不要把你公司里的盘盈和盘亏对冲，因为盘盈的是做营业外收入处理直接缴纳企业所得税；盘亏的要想税前扣除，必须去备案，并且提供证据，而公司里根本就没这个货，怎么去备案？因为你不能提供任何证据，因此这样的盘亏还不能税前扣除。所以一定要保证货流和发票流的一致。税法明确规定，纳税人接受的增值税专用发票的开票方与供货企业不一致、供货企业开出的非供货企业所在地的增值税专用发票、纳税人明知供货企业开出的增值税专用发票是非法手段获得的，无论纳税人（购货方）与销售方是否进行了实际的交易，增值税专用发票所注明的数量、金额与实际交易是否相符，此时税务部门都可以认定纳税人是恶意取得增值税专用发票。如果供货企业和发票的开票方一致，则要结合纳税人是否有货物交易进一步调查取证。

第三个方法，从资金结算上来认定。

举个案例，假如我现在把货卖给 A 公司，首先应该跟 A 公司签订合同，我向 A 公司发货，然后 A 公司给我付款，我向 A 公司开票，四流一致，这笔业务已经安全了。但 A 公司跟我说："顾总，我这批货总共 200 万元，B 公司欠我 200 万元，我让 B 公司把这个 200 万元打给你可以吗？" B 公司欠 A 公司 200 万元，因此 A 公司就让 B 公司把这 200 万元付给我，这可以，但是这是一笔新的业务，是一笔债务重组，和买货是不相关的。很多企业仅仅发张委托函，委托其来付款，更有甚者只是电话告知。电话不能作为记账凭证，但很多企业就是这样做的。

下面我们来分析。我把货卖给 A 公司，A 公司没给我钱，而 B 公司替 A 公司付款，很有可能这样记账——借：银行存款，贷：主营业务收入和应缴税费——应交增值税（销项税额）。但是这笔业务凭证中银行进账单显示的这笔款是 B 公司跟我结算的，我把 B 公司的钱作为我的收入，如果税务机关发现这笔分录，可以通过资金流判断我把 B 公司给我的钱确认为我的收入了，会怀疑我向 B 公司卖过货？这里就多了一笔销售。而B公司仓库里没有这个货，税务机关会怀疑B公司又偷偷地把这个货给销售掉了，从而隐匿收入。B公司原来欠A公司的钱，现在不欠了，表示B公司把这个债还掉了。但翻阅这A、B两个公司的银行往来，却没有资金往来！没有用钱还债，但债又没了，税务机关可能认为B公司是不是去拿货去抵债了，如果这样B公司又多了一笔视同销售。检查A公司仓库，A公司没有这个货，税务机关会认为A公司肯定又偷偷把这个货又卖掉了，A公司隐匿收入，这样做风险很大。现在大家注意，这其实叫作债务重组。债务重组，你要想债务重组，你先得有债。我把货卖给A公司，A公司说没有钱，让B公司支付。我借：应收账款——A公司，我对他要形成一笔“应收账款”，后来B公司把钱打给我，就先挂往来，我借：银行存款，贷：其他应付款——B公司。记住千万不能用B公司给我的钱和我对A公司的收入放在一个分录里核算。这两笔分录做完之后，就会发现我对B公司有负债，B公司原先就对A公司有负债，而A公司对我也有负债，这样三角债形成了。这时签订一份三方重组协议就是我的凭据。国家税务总局公告2014年第39号里提到，纳税人向受票方纳税人收取了所销售货物、所提供应税劳务或者应税服务的款项，或者取得了索取销售款项的凭据；这样就不属于虚开发票，而刚才签署的“三方债务重组协议”就是“取得了索取销售款项的凭据”，这就不属于虚开发票。

但是，A公司向B公司仅仅发出委托函，我做账拿什么依据来做呢？总不能拿电话记录、短信等。所以一定要注意，做任何分录你都要有依据，这个依据可以是外来的，可以是内部的、自制的。但必须要有。上面B公司可以把A公司的委托函来用，把钱付给我，来冲B公司的负债，B公司可以这么做，但我不行。所以从资金结算上来认定，很可能这里是重组，发票流和资金流不一致时，很可能有债务重组，因此既然有债务重组，我们就要把这个重组与销售给区分开来，因此它是第二笔业务。

在实践中，纳税人之间发生货物交易货款结算方式一般有两种，即通过银行结算和现金结算。对于通过银行结算的，如纳税人接受已证实为虚开的增值税专用发票不是直接与发票开票方结算，或通过检查发现纳税人账册上的原始资料如银行结算支票内容和发票内容一致，但到银行查实后发现银行结算支票内容和发票内容不一致，税务部门就可以认定纳税人是恶意取得增值税专用发票。如果纳税人确有货物购进，且内容一致，是开票方私自通过银行背书转让给第三方的，这种情况下尽管货款结算和开票方不一致，但责任并不在纳税人，此时可以认定纳税人是善意取得虚开增值税专用发票。

第四个方法，从纳税人取得虚开发票的来源上来认定。

你不可能从小规模纳税人那里拿到一张税率是17%的增值税发票，而且盖的还是小规模纳税人企业的章，但是企业却拿到了一张那样的发票。你自己就能判断这个票不仅虚而且还假。有人说，这张票即使拿过来将来认证也不可能通过，但是你会拿到票的当天就认证吗？当你认证完发现不对时，人家或许早就人去楼空了。很多企业在签订合同之前也比较谨慎，会询问对方是否一般纳税人。你如何知道？大家以后一定要让对方出具“增值税一般纳税人资格证书”，并且把证书的复印件作为合同的附件，另外，在合同上也要加上“发票条款”，如这样写：“甲方应针对本合同发生之业务向乙方开具真实、合法、有效之票据（发票），若因甲方开具票据本身之问题或原因造成乙方日后发生相关税收、法律或经济责任或损失，应由开票方（甲方）承担，乙方有权向甲方进行追偿，或向当地法院提起诉讼。”在实践中，一般来说，如果有证据证明纳税人是向非一般纳税人企业购进货物或者通过非正当途径取得货物（如走私）却取得了增值税专用发票的，说明纳税人主观上具有偷税意识并做出了具体的偷税行为。税务部门在掌握证据的情况下可以认定纳税人是恶意取得虚开的增值税专用发票。还有一种情况，一些纳税人通过支付开票费的方式从社会上一些不法分子获得的增值税专用发票的。在这种情况下，税务部门完全可以认定纳税人是恶意取得虚开的增值税专用发票。

6.4 如何识别和化解“甲供材”的纳税风险

虚开发票之外，还有个问题就是甲供材，甲供材在企业的各类培训中很多时候老师都讲过，但是在实践中很多企业一直有问题。在讲“甲供材”之前，我们必须要了解两种承包方式，一种叫作“总包”，另一种叫作“清包”。

什么叫作“总包”，举个例子，我公司现在要想建栋大楼，公司作为建设方或者发包方，经过预算这栋大楼大概是 8 000 万元，公司找了一家施工企业，把工程总包，费用 8 000 万元，一切由施工企业负责，等这栋大楼建好，我来验收，这里叫作“总包”。在这种模式下，施工企业最后给我开一张 8 000 万元的建安工程票，那么我公司账面上可先把它作为“在建工程”，等到验收完毕，投入使用了再转为“固定资产”，施工企业是全额缴纳营业税。

另外一种是“清包”，主要材料，主要设备，是甲方，即我（发包方或建设方）提供的，少部分的辅助材料和劳务承包给施工企业，也就是乙方。比如，工程的总造价是 8 000 万元，我只包给你 5 000 万元的工程，就是你承包的劳务款。一些主要建材如水泥、钢材、设备等由我甲方自己去购买的。这时他给我的发票应该是 5 000 万元的建筑业发票。然后我拿 3 000 万元去买材料，我总共取得材料款发票 3 000 万元，劳务款发票 5 000 万元，总共 8 000

万元。施工企业虽然按 5 000 万元开票，但他的营业税是按 8 000 万元计算的。因为税法规定，施工企业不管材料如何核算，不论材料如何提供，其营业税的计税依据应该包含整个工程的成本。而“甲供材”有两种甲供，一种是“真的甲供”，还有一种是“假的甲供”。刚才建设方与施工企业签订的“清包合同”，清包模式下，建筑材料就应该由甲方提供，这是合法的，所以称为“真的甲供”。

“假的甲供”是什么？所谓“假的甲供”就是在建设方与施工企业明明签订的“总包合同”，但建设方并没有把工程款全部支付给施工企业，而是会留下部分款项，由建设方去联系建材供应商，由自己去买建材。好，那么问题来了，建设方与施工企业签了 8 000 万元的总包合同，那么你说我建设方（甲方）为什么要留 3 000 万元下来，为什么要这样做？其实建设方的目的是想通过自己去选择供货商，自己去选材，以保证材料的质量。这样做也可以啊，其实本质就在这里，这个 3 000 万元应该是施工方的。但是去买货的是我甲方，拿这个钱去替施工方采购。在这里甲方扮演的是“代购”的角色，但这时建材供货商很有可能把建材的发票开给建设方，也就是甲方。因为这个购销合同是我建设方（甲方）跟他签订的，材料供应商肯定把材料发票开给了我甲方，那么施工企业只拿到 5 000 万元，但由于总包合同金额是 8 000 万元，最终施工企业只能给我开 8 000 万元的建安票。我从施工企业那里拿到的是 8 000 万元的建安票，从建材供货商这里拿到的是 3 000 万元建材票，我总共拿到 1.1 亿元发票。而我在整个工程建造的业务只支付了 8 000 万元，建设方（甲方）是不是虚增了材料成本。因此，现在很多开发商在进行工程开发的时候、土增税清算、进行所得税清算时，税务部门发现有材料发票，一般都不让你扣除。因为这里有可能是隐藏了“假的甲供”。

很多企业签订合同时是总包，但是开发商企业手里却拿着材料票，这就造成了很多开发商的误区——材料票不能扣，因此不管施工企业给开发商干什么工作，一律开劳务票，不要开材料票，即使我给你买的不锈钢窗都开劳务票，这是很多会计的想法，因为他认为我这边拿到材料票不让扣除。其实只是你在签订“总包”协议的情况下，你拿到的材料发票不让扣除，因为这些不应该你去买。但这个对于施工企业就亏了，它的开票金额是 8 000 万元，因此施工企业的营业收入是 8 000 万元，而其能提供的成本发票只有劳务成本，3 000 万元材料成本有没有发票。因此施工企业要虚增 3 000 万元的利润，3 000 万元的利润乘以 25% 的企业所得税税率，要多缴纳 750 万元的所得税。而且如果将来建筑业“营改增”，由于建筑企业没有建材的取得增值税专用发票，那么这 3 000 万元建材的 17% 的进项税额将不得抵扣，还要多缴纳 3 000 万元乘以 17% 的税，大概有 510 万元的进项税额不得抵扣。直接造成税收要多缴纳 1 260 万元。一个工程总共 8 000 万元，他的利润率能达到 10% 吗？如果材料完全是施工企业自己去买的，他可能还赚了一点，但这个业务中，材料是别人买的，因此利润率肯定达不到 10%，还要多缴纳 1 260 万元的税，还不算本来应该缴纳的税金，如果工地再出现安全事故，还要再赔款！

下面，我们来分析一下，其实原因就很简单，主要是甲方想通过自己选材来保证质量，但永远改变不了只是甲方替施工方买材料的事实，因此甲方要注意，钱虽然在你手里，但这并不是你的钱了，应该怎么处理才正确呢？就要做好以下四点。

第一，现行营业税下“清包合同”，必须给予甲方开具包含甲供材营业额的发票进行工程结算。增值税后，增值税下“清包合同”，给予甲方开具承包劳务的发票，不需要包含甲供材营业额的发票。

第二，施工企业应该识别总包合同和清包合同的风险。只有规范发票管理，施工企业才不会存在增值税和企业所得税风险。

第三，材料采购款必须由甲方支付给材料供应商，但是施工企业、甲方和材料供应商三者间必须共同签订三方协议，即施工方委托甲方把材料采购款支付给材料供应商的委托支付令。

第四，材料供应商必须把材料销售发票开给施工方，然后由甲方交给施工方。

6.5 如何进行正确的进项税额抵扣

下面来看一看在进项税中都有哪些情况下是可以抵扣的。

在这里简单地说一下，一般情况下都可以抵扣，只需拿到增值税专用发票即可。国税总局在2012年的55号公告中规定：增值税一般纳税人在资产重组过程中，将全部资产、负责和劳动力一并转让给其他增值税一般纳税人，并按照程序办理注销税务登记的，其在办理注销登记前尚未抵扣进项税额可结转至新纳税人继续抵扣。可能会有人感到疑惑：单位在去年买了个大型设备，进项税很多，由于公司去年的销项税不高，没有抵扣完，留抵了。然而把这个设备卖给了其他企业，那是不是这个设备原来没有扣完的进项税可以到其他企业那里继续抵扣呢？不是。这里有个关键的词——重组。什么叫作“全部资产、负责和劳动力一并转让给其他增值税一般纳税人”呢？这个行为叫作“资产收购”，在资产收购之后会详细讲解。现在我先给你们讲讲四个概念：①收购资产；②资产收购；③转让产权；④收购股权。假如我看中这个单位的机器了，我想把这个机器买过来，这就叫作“收购资产”。所谓是指一家企业（受让企业）购买另一家企业（转让企业）实质经营性资产的交易。实质经营性资产，是指企业用于从事生产经营活动、与产生经营收入直接相关的资产，包括经营所用各类资产、企业拥有的商业信息和技术、经营活动产生的应收款项、投资资产等。也就是说，实质经营性资产应该是一组能够独立、连续的产生经济利益的资产组合，比如分公司的整体资产。资产收购买的不是股权，买的是一组资产，公司还在老板名下，资产收购是跟对方公司做交易，不是跟对方公司的股东做交易。比如，我们有一家分公司，有资产、债权债务、劳动力。那么现在总公司决定将这个分公司卖给你，你说卖的是股权还是资产？卖的是资产，而且是一组资产，这就叫作资产收购。那么资产收购引起的相关存货、相关土地变更不交增值税，不缴纳营业税，但要缴纳土地增值税，接收方契税也要缴纳。

第二个文件是《财政部、国家税务总局关于增值税税控系统专用设备和技术维护费用抵减增值税税额有关政策的通知》（财税〔2012〕15号），第一条规定增值税纳税人2011年12月1日（含，下同）以后初次购买增值税税控系统专用设备（包括分开票机）支付的费用，可凭购买增值税税控系统专用设备取得的增值税专用发票，在增值税应纳税额中全额抵减（抵减额为价税合计额），不足抵减的可结转下期继续抵减。增值税纳税人非初次购买增值税税控系统专用设备支付的费用，由其自行负担，不得在增值税应纳税额中抵减。

第二条规定增值税纳税人2011年12月1日以后缴纳的技术维护费（不含补缴的2011年11月30日以前的技术维护费），可凭技术维护服务单位开具的技术维护费发票，在增值税应纳税额中全额抵减，不足抵减的可结转下期继续抵减。

我们很多企业用的防伪开票系统都是航天信息的，每年都要交年费、升级费、维护费，无论之前开的发票是增值税发票，还是普票，费用都可以在公司当年的增值税的税额中金额抵扣。但是，需要注意一点，尽可能使自己的行为符合税法，税法怎么规定就怎么做。

2011 年，我去内蒙古一个当地的税务局做培训，课间休息时和一个年轻的税务干部聊天。我问他，假如有一个企业，它的工作场地比较潮湿，单位给每个员工配备了一双雨靴，请问这双雨靴的费用可不可以计入劳保费用。那位税务干部说不行，我说为什么不行，他回答了我五个字——“文件里没有。”这五个字让我印象深刻，文件里还真的没有具体规定雨靴可以做劳保费用。劳动保护费是指企业确因工作需要为员工配备或提供工作服、手套、安全保护用品、防暑降温用品（药品及饮料）等支出。因此我们企业没有权利去选择哪位税务人员来稽查。

既然刚才文件提到“可凭技术维护服务单位开具的技术维护费发票，在增值税应纳税额中全额抵减”，说得很清楚，是技术维护费发票，因此交给航天信息公司的维修费、升级费、年费等都可以开“技术维护费”。

第三个文件是《关于一般纳税人迁移有关增值税问题的公告》国家税务总局公告〔2011〕71 号 ，这个文件规定增值税一般纳税人（以下简称纳税人）因住所、经营地点变动，按照相关规定，在工商行政管理部门作变更登记处理，但因涉及改变税务登记机关，需要办理注销税务登记并重新办理税务登记的，在迁达地重新办理税务登记后，其增值税一般纳税人资格予以保留，办理注销税务登记前尚未抵扣的进项税额允许继续抵扣。

第四个文件就是国家税务总局《关于逾期增值税扣税凭证抵扣问题的公告》（2011 年第 50 号），该文规定，“对增值税一般纳税人发生真实交易但由于客观原因造成增值税扣税凭证逾期的，经主管税务机关审核、逐级上报，由国家税务总局认证、稽核比对后，对比对相符的增值税扣税凭证，允许纳税人继续抵扣其进项税额。客观原因包括如下类型。

（1）因自然灾害、社会突发事件等不可抗力因素造成增值税扣税凭证逾期；

（2）增值税扣税凭证被盗、抢，或者因邮寄丢失、误递导致逾期；

（3）有关司法、行政机关在办理业务或者检查中，扣押增值税扣税凭证，纳税人不能正常履行申报义务，或者税务机关信息系统、网络故障，未能及时处理纳税人网上认证数据等导致增值税扣税凭证逾期；

（4）买卖双方因经济纠纷，未能及时传递增值税扣税凭证，或者纳税人变更纳税地点，注销旧户和重新办理税务登记的时间过长，导致增值税扣税凭证逾期；

（5）由于企业办税人员伤亡、突发危重疾病或者擅自离职，未能办理交接手续，导致增值税扣税凭证逾期；

（6）国家税务总局规定的其他情形。

之前关于原来企业取得的增值税专用发票如果超过180天尚未进行认证，就不再允许进行抵扣。但大多数是增值税一般纳税人发生真实交易但由于客观原因造成后来规定增值税扣税凭证逾期，现在只要经主管税务机关审核、逐级上报，由国家税务总局认证、稽核比对后，对相符的增值税扣税凭证，允许纳税人继续抵扣其进项税额。

6.6　正确识别进项税额不允许进行抵扣的情形

前面讲述的是关于进项税可以抵扣的情况，接下来讲一下在税法上增值税进项税额不可以抵扣的情况。我做了一下总结，跟大家分享。

按照现行《中华人民共和国增值税暂行条例》、《中华人民共和国增值税暂行条例实施细则》、《增值税一般纳税人资格认定管理办法》、《增值税一般纳税人纳税辅导期管理办法》以及国务院财政、税务主管部门签发的其他一些相关的规范性文件的规定，具体有如下几点。

（1）用于简易计税方法计税项目、非增值税应税项目、免征增值税项目、集体福利或者个人消费的购进货物、接受加工修理修配劳务或者应税项目，其中涉及的固定资产、专利技术、商誉、商标、著作权、有形动产租赁，仅指专用于上述项目的固定资产、专利技术、商誉、商标、著作权、有形动产租赁；

（2）非正常损失的购进货物及相关的加工修理修配劳务或者交通运输业服务；

（3）非正常损失的在产品、产成品所耗用的购进货物（不包括固定资产）、加工修理修配劳务或者交通运输业服务；

（4）接受的旅客运输服务；

（5）取得虚开的增值税专用发票，不得作为增值税合法有效的扣税凭证抵扣其进行税额；

（6）一般纳税人取得允许抵扣的进项税额，自开票之日起180日内未到税务机关办理认证、认证不符或者虽认证通过但未在认证通过的次月申报期内申报抵扣的，其进项税额不允许抵扣；

（7）购进免税货物取得增值税抵扣凭证（向国有粮食企业购进免税粮食除外），其进项税额不允许抵扣；

（8）一般纳税人在小规模纳税人期间（新开业申请一般纳税人认定受理审批期间除外）购进的货物或者应税劳务其进项税额不允许抵扣；

（9）自2009年4月1日起，废旧物资专用发票一律不得作为增值税扣税凭证计算抵扣进项税额；

（10）实行海关进口增值税专用缴款书“先比对后抵扣”管理办法的一般纳税人取得进口增值税专用缴款书稽核比对不符的，其进项税额不允许抵扣。

一般纳税人兼营简易计税方法计税项目、非增值税应税劳务、免征增值税项目而无法划分不得抵扣的进项税额，按照下列公式计算不得抵扣的进项税额：

不得抵扣的进项税额＝当期无法划分的全部进项税额×（当期简易计税方法计税项目销售额＋非增值税应税劳务营业额＋免征增值税项目销售额）÷（当期全部销售额＋当期全部营业额）

举例说明：

某试点纳税人2012年12月进项税额100万元，其中可以抵扣的进项税额60万元，不能抵扣的进项税额10万元，分不清楚是否可抵扣的进项税额30万元。本期全部增值税销售额800万元（其中简易计税办法100万元、免税额200万元），营业税项目营业额200万元。计算本期不得抵扣的进项税额，其公式是：本期不得抵扣的进项税额=30×（100+200+200）÷（800+200）=15（万元）

除此以外，还有7种有条件允许抵扣的情形：

（1）专用发票“抵扣联”无法认证的，其进项税额不允许抵扣，但可用“发票联”到主管税务机关认证，将“发票联”复印件作为抵扣联留存备查。

（2）一般纳税人将取得的专用发票“抵扣联”丢失的，其进项税额不允许抵扣。但如果丢失前已认证相符，可用“发票联”复印件作为“抵扣联”留存备查；如果丢失前未认证的，可用“发票联”到主管税务机关认证，将“发票联”复印件留存备查。

（3）一般纳税人将取得的专用发票的“发票联”和“抵扣联”全部丢失的，其进项税额不允许抵扣。但在丢失前已认证相符的，购买方可凭销售方提供的相应“记账联”复印件及销售方所在地主管税务机关出具的《丢失增值税专用发票已报税证明单》，经购买方主管税务机关审核同意后，可作为增值税进项税额的抵扣凭证抵扣进项税；如果丢失前未认证的，购买方凭销售方提供的相应“记账联”复印件到主管税务机关进行认证，认证相符的凭“记账联”复印件及销售方所在地主管税务机关出具的《丢失增值税专用发票已报税证明单》，经购买方主管税务机关审核同意后，作为增值税进项税额的抵扣凭证抵扣进项税。

（4）一般纳税人丢失海关缴款书，其进项税额不允许抵扣，但可在自开具之日起180日内，凭报关地海关出具的相关已完税证明，向主管税务机关提出抵扣申请，经稽核比对无误后可作为进项税额进行抵扣。

（5）一般纳税人取得失控专用发票，其进项税额不允许抵扣，但如果经税务机关按非正常户登记失控专用发票后，一般纳税人又向税务机关申请防伪税控报税的，其主管税务机关可以通过防伪税控报税子系统的逾期报税功能受理报税。经查属于销售方已申报并缴纳税款的，可由销售方主管税务机关出具书面证明，并通过协查系统回复购买方主管税务机关，该失控发票可作为购买方抵扣增值税进项税额的凭证申报抵扣进项税。

（6）经认证，专用发票有无法认证、纳税人识别号不符以及发票代码、号码不符等情形之一的，其进项税额不允许抵扣，但购买方可要求销售方重新开具专用发票，重新认证通过后在规定时间内申报抵扣。

（7）经认证，专用发票有重复认证、密文有误或纳税人识别号有误或专用发票所列密文解译后与明文不一致时，其发票暂不得作为增值税进项税额的抵扣凭证，待税务机关查明原因，核实无误后再申报抵扣。

6.7　正确识别和化解平销返利的税收风险

平销返利的税收风险不可不知，当企业发生平销返利时，很多企业看到的并不是传统的那种情况，每年年底，卖方给买方返还的钱将其称作返利，但很多情况下并不称其为“返利”，而称作上架费、入库费、质检费、管理费、评优费等，所以收款方很容易向对方开出营业税发票。根据《关于商业企业向货物供应方收取的部分费用征收流转税问题的通知》（国税发〔2004〕136号）的规定：企业向供货方收取的与商品销售量、销售额挂钩（如以一定比例、金额、数量计算）的各种返还收入，均应按照平销返利行为的有关规定冲减当期增值税进项税金，不征收营业税。如果取得的返利是实物资产，应该按照发票票面价值或货物的公允价值（无发票的实物）冲减。

计算公式调整为：**当期应冲减进项税金＝当期取得的返还资金÷（1+所购货物适用增值税税率）×所购货物适用增值税税率**

通过上述文件，大家可以发现，只要这钱是卖方给买方的，且与双方购销合同的销售额或销售量有关的，都叫作平销返利，从而抵扣买方的进项税。那么平销返利的收款方要不要向对方开发票呢？文件规定商业企业向供货方收取的各种返还收入，一律不得开具增值税专用发票。由销售方开具红字发票冲减自己的销项税额。

注意“认定”与“只要”两个条件，认为是凭销返利就不需要开发票，只要给付款方一个收款收据即可。付款方拿着这个收款收据去开红字发票。你买的量达到我企业的要求，我给你期末返还利，相当于延期的折扣，你的采购量达到了我的量了，满足了量，给予打折返利。当时开发票是按原价开发票，现在相当于延期的折扣，因此，可以开红字票，冲销卖家的销售额和销项税。买家拿到这个返利款，如果再对这个钱去开劳务发票或者其他发票，就要缴纳营业税，相当于缴纳两道税。如果卖家返的不是钱而是实物，应当按照发票金额或者货物的公允价值来确认它的价值。其实返利也是一种折扣，只是麻烦一点。想不麻烦可以把这一次的返利放到下次的折扣中。上期抵本期是最简单的，如果你不想这样，只有去开红字票。

但是销售返利大家最容易忽略的一个问题是违约金，为什么这么说呢？因为企业在购销活动中由于某方发生违约责任而收取的违约金不是经营收入，应该放营业外收入。违约金收入一般不涉及流转税，它只交缴纳所得税。只有一种情况，就是购销合同没有终止，买家违约，卖家除向买家收取销售额之外还收取违约金，这时候的违约金收入就属于卖家的价外费用，并入销售额一并缴纳增值税，并且需要将违约金收入开具到增值税发票中去。违约金可能是卖家支付给买家，也可能是买家支付给卖家。如果现在卖家违约了，卖家向买家支付一笔违约金，这钱是卖家给买家的，符合平销返利第一条。如果又符合平销返利第二条，那么即使你付的是违约金，也很容易被认为是买家收到的平销返利，需要抵减买家当期进项税。而真正的违约金是不需要缴纳增值税的。

我们来回忆一下，公司的违约金第一条符合了卖家给买家，第二条有没有符合？跟我们双方的购销合同的销售量销售额没有挂钩，那么，假如公司签订了合同，合同的第九条违约责任规定，甲乙双方应本着诚信之原则共同完成本合同规定之事项，如果一方违约将按照合同总金额的30%向对方支付违约金。有“按照合同总金额的30%向对方支付违约金”条文，所以是挂钩的。很多企业都是这么签订的，违约金多少是由合同的金额来定的。如果这个钱是卖方给买方的，只要不跟销售量、销售额挂钩，就不被认为是平销返利的吗？那还真的不一定，该文件有规定，“对商业企业向供货方收取的与商品销售量、销售额**无必然联系，且**商业企业向**供货方提供一定劳务**的收入，例如进场费、广告促销费、上架费、展示费、管理费等，不属于平销返利，不冲减当期增值税进项税金，应按营业税的适用税目税率（我们认为应当适用“服务业”税目）征收营业税。”

第七章

收入实现：管控和化解纳税风险才是王道

——在企业的销售中最忌讳的一个字就是“送”，一送就可能送命。

——税不是你想什么时候缴就什么时候缴的，而是根据你具体业务怎么做的，早缴晚缴都不好。

——当公司存在总分公司，并且是异地经营，收款和开票千万别分开，要由一家公司完成，否则容易缴纳两道税。

7.1 不同营销策略下纳税风险的利与弊

刚才我们讲到了采购，关于采购大家只要把进项税关注好就可以了，因为进项税是你之前先付出，我们通过取得增值税专用发票进行抵扣，把付出去的钱再拿回来。收入中包含销项税，但是我们在确保资金流入不变的情况下，如果使我们产生的销项税变少，那么收入就会增加，这是锦上添花的事儿。

很多企业在销售环节，为了获得更多的收入，会想方设法搞一些花样，比如折扣销售、销售折扣、买一赠一、销售返利、销售折让、以旧换新等。在实践中经常发生折扣销售和销售折扣，会计上把它们分别叫作“商业折扣”和“现金折扣”。折扣销售是先折扣再打折，销售折扣是先销售再打折。“折扣”二字在销售之后，表明折扣的发生在销售之后，与销售行为发生、税收关系成立无关，因而折扣额不能在销售额中扣除，应以扣除折扣额之前的销售额计算纳税。这两种方法的会计处理这里就不讲了，现金折扣无论最终打多少折扣都是按原价计算的增值税，所得税上由于你把折扣的部分放到了财务费用，因此可以在税前扣除。

商业折扣有两种处理方法，一是直接以折扣后的价格来确认收入。有的企业则按照原价确认收入，把折扣的部分放入销售费用，但是在增值税上只要将原价和打折款在同一张发票上注明，都按照打折后的价格算税。但是在这里需要向大家说明的是，无论是商业折扣还是现金折扣，最好在签订购销合同时注明约定，如果一开始没有约定注明，事后就比较麻烦。

举个例子：我公司去年卖给A公司一批货，按照当初的合同约定货款100万元在去年的12月31日之前全部付清，但是到现在已经是今年的5月5日，对方一分钱也没支付，公司也曾经派人多次上门追讨，对方的回答就两个字：没钱。今天公司老板派我去讨债，我说你如果能在5月31日之前把钱打过来，货款打个八折，即80万元。如果过了5月31日，你还没支付，6月1日就走法律程序。A公司听完赶紧融资，果然在5月26日上午10点30把钱打进了公司账户。然后我们公司会计做账，借：银行存款80万元，贷：应收账款100万元，差20万元，那么差额计入哪个科目呢？很多朋友认为应计入“财务费用”。注意，千万不能计入财务费用，因为这个折扣政策不是大家所想的“现金折扣”，现金折扣是必须事先在购销合同上注明相关的信用政策。其实在这里少收的20万元叫作债务重组的损失，计入“营业外支出”。因为你在汇缴时这里的财务费用是直接扣除，放入营业外支出是债务重组的损失属于资产损失。根据国家税务总局2011年25号公告，必须要债务备案，如果备案不通过还是不能抵扣。那么要想备案就必须要债务重组协议，以证明重组真的发生损失。

我们在税法上一般提到“买一赠一”，就会想到“视同销售”，这里提醒注意，国税函〔2008〕875号文件第三条规定，企业以买一赠一（有偿）等方式组合销售本企业商品的，不属于捐赠，应将总的销售金额按各项商品的公允价值的比例来分摊确认各项的销售收入。

比如，我卖A产品，送你一只B产品，假如A产品1 000元，B产品市场价是200元，只是这里的B产品是赠送的，如果按照视同销售的做法，就应该按1 200元来计算缴税，但是根据刚才的文件，因为A产品和B产品的公允价值的比例是5:1，我们收到1 000元，把1 000元除以6，A产品占六分之五，B产品占六分之一，重新确认他们各自的企业所得税收入，这两个新收入加起来还是1000元，因此你的收入并没有增加，而成本还是原来的成本，所以并没有增加所得税。

那么增值税对“买一赠一”如何认定呢？在实际工作中，税务机关往往要求企业按照《增值税暂行条例实施细则》第四条的规定操作，即“单位或者个体工商户的下列行为，视同销售货物：将自产、委托加工或者购进的货物无偿赠送其他单位或者个人”。

比如，某从事家用高压锅的生产企业，为了扩大销售、提高市场占有份额，计划采取“买一赠一”的方式促销，即顾客买一个高压锅（市场价 100 元，成本 70 元），送一个公司生产的市价 10 元的精美台历（成本价 6 元）。税务机关相应的处理要求如下。

假如销售 100 个高压锅，赠送 100 个台历，那么根据《增值税暂行条例实施细则》第四条的规定，对于赠送的台历要视同销售，计算销项税额：

借：销售费用　　770 元

　贷：库存商品　　600 元

　贷：应缴税金——应交增值税（销项税额）　　170 元

此时，对于“买一赠一”的赠品在增值税方面要不要视同销售处理便成为企业和税务机关争论的焦点。

对于企业来说，在促销活动中的赠送往往是出于利润动机的正常交易，即通过赠送来达到提高销售额、提升市场占有率的目的。而增值税的无偿赠送一般是指赠送人向受赠人的财产转移，不是出于利润动机的正常交易。《关于加强企业对外捐赠财务管理的通知》（财企〔2003〕95 号）中对无偿赠送也有定义：对外捐赠是指企业自愿无偿将其有权处分的合法财产赠送给合法的受赠人用于与生产经营活动没有直接关系的公益事业的行为。因此我认为，此“赠送”非彼“赠送”，而且赠品所计算的销项税额其实已经隐藏在主货物的价值中了，即赠送本身是企业在价格上的让利，是企业以让利的手段来达到扩大销售的目的，而不是出于逃避税负的动机。

对此问题，《国家税务总局关于确认企业所得税收入若干问题的通知》（国税函〔2008〕875 号）中已明确了企业所得税的处理：企业以买一赠一等方式组合销售本企业商品的，不属于捐赠，应将总的销售金额按各项商品的公允价值的比例来分摊确认各项的销售收入。虽然企业所得税方面的规定不适用于增值税，但是我们可以从中把握政策的倾向性，即这种买赠行为不属于捐赠。那么在增值税方面的规定到底是怎样的呢？虽然截至目前，总局并未出台明确政策，但从某些省市已出台的政策来看，是与国税函〔2008〕875 号文的规定相一致的，即不属于无偿赠送行为、不视同销售，如《河北省国家税务局关于企业若干销售行为征收增值税问题的通知》（冀国税函〔2009〕247 号）规定，企业在促销中，以“买一赠一”、购物返券、购物积分等方式组合销售货物的，对于主货物和赠品（返券商品、积分商品，下同）不开发票的，就其实际收到的货款征收增值税。对于主货物与赠品开在同一张发票的，或者分别开具发票的，应按发票注明的合计金额征收增值税。纳税义务发生时间均为收到货款的当天。企业应将总的销售金额按各项商品的公允价值的比例来分摊确认各项的销售收入。

还有广州市国家税务局关于 2010 年公布废止或失效的税收规范性文件目录 [第一批] 的通知》（穗国税发〔2010〕34 号）规定，关于对纳税人赠送、换购货物，“捆绑”、“组合”销售货物征收增值税上述行为，无论销售、换购或赠送的货物是否作价（含单独定价和组合定价），均应区分不同情况处理：

（一）纳税人若已分别按不同货物或已按组合包装货物确认销售收入并计算销项税额的，不属于《中华人民共和国增值税暂行条例实施细则》第四条规定的视同销售行为。对销售价格明显偏低并无正当理由的，主管税务机关应按《中华人民共和国增值税暂行条例》第七条的规定和《中华人民共和国增值税暂行条例实施细则》第十六条的方法核定纳税人的销售额。

（二）纳税人若既未按照不同货物又未按照组合货物确认销售收入的，其未确认收入的货物，无论在会计上如何核算，均应视同销售，按《中华人民共和国增值税暂行条例实施细则》第十六条的规定确定销售额，计算销项税额。

另外还有《四川省国家税务局关于印发〈增值税若干政策问题解答（之一）〉的通知》（川国税函〔2008〕155号）的规定。明确“买一赠一”是目前商业零售企业普遍采用的一种促销方式，其行为性质属于降价销售，应按照实际取得的销售收入计算缴纳增值税。“购物返券”、“买一赠一”中“返券”金额和“赠一”的商品价格不能大于购买货物所支付的金额。

但是，也并不是所有省市的规定都是如此，比如内蒙古国家税务局2010年1号公告《内蒙古自治区商业零售企业增值税管理办法（试行）》就对此问题明确为无偿赠送：买一赠一、有奖销售和积分返礼等与直接销售货物相关的赠送行为，应该在实现商品兑换时按照《中华人民共和国增值税暂行条例实施细则》第十六条的规定确定其销售额。

因此，在目前总局尚未对此问题予以明确、各地执行尺度又不尽一致，企业如何能在买赠活动中进行比较稳妥的账务处理或者完善发票开具行为，使其在一定程度上降低涉税风险，则显得尤为重要。对此，我给出两点建议。

1. 将主货物的价值比照从货物的价值予以折扣

根据上述分析，企业采取“买一赠一”的促销方式，实质上是在商品主货物价格上给予的折扣让利，那么根据《关于印发〈增值税若干具体问题的规定〉的通知》（国税发〔1993〕154 号）：纳税人采取折扣方式销售货物，如果销售额和折扣额在同一张发票上分别注明的，可按折扣后的销售额征收增值税。如果将折扣额另开发票，不论其在财务上如何处理，均不得从销售额中减除折扣额。又根据《关于折扣额抵减增值税应税销售额问题通知》（国税函〔2010〕56 号）：纳税人采取折扣方式销售货物，销售额和折扣额在同一张发票上分别注明是指销售额和折扣额在同一张发票上的“金额”栏分别注明的，可按折扣后的销售额征收增值税。企业可以在销售时将主货物、从货物开具在同一张发票上，然后注明将主货物的价格予以折扣，折扣的幅度即为从货物的价值，即折扣后的货物价值合计仍与主货物的原价一致，这样在一张发票上体现出了主、从货物的价值，而且销售额和折扣额在同一张发票上列明，可按折扣后的销售额征收增值税，同时也避免了从货物按照无偿赠送缴纳增值税的风险。

2. 将主货物、从货物视为新的商品出售

企业可以将主货物、从货物打包作为一个新商品，可以将主货物的价格降低，使从货物的价格包含进来，也就是说将主货物的价格在两者之间进行分配。如高压锅原来售价 100 元 / 台，台历 10 元 / 本，现在将“高压锅 + 台历”作为新的商品，定价为：高压锅 90 元 / 台，台历 10 元 / 本，总价格仍为 100 元。那么现在结转成本的时候，相应将台历的成本结转即可。

借：主营业务成本　　76

　贷：库存商品——高压锅　　70

　　库存商品——台历　　6

需要注意的是，企业不能随意将主货物定价，而是要控制在合理的范围内，如果税务机关认为企业的价格明显偏低而又无正常理由的，按照《增值税暂行条例》第七条“纳税人销售货物或者应税劳务的价格明显偏低并无正当理由的，由主管税务机关核定其销售额”的规定，税务机关可以进行核定调整。

最后，希望总局能够尽快出台相关法规政策，对“买一赠一”的增值税处理问题予以明确。而在政策明朗之前，也建议企业在进行相应促销活动时，能够对“视同销售”这个环节予以回避，以降低企业自身的涉税风险。

所以企业的各种营销模式，大家必须要事前规划。下面举一个案例。长沙有一家房地产企业搞了一个“买房送车”的活动，一套房子市价100万元，车子市价10万元，买一赠一，开发商卖房送车，虽然当时开发商只有90万元的收入，但是企业缴纳的营业税还是要按100万元交，送的车还要缴纳增值税，相当于转让二手车。所以在税收上，企业的营销活动中尽量不要出现“送”这个词。

7.2 如何准确把握不同结算方式下的纳税处理

一笔业务发生之后到底什么时候缴税，即纳税时间的确定也是很有讲究的，缴的早不好，缴的晚更不好。大家都知道，任何一笔业务的发生会形成四个流：合同流、资金流、发票流和货物流。假如现在我跟一家企业 2 月份签订的销售合同，3 月份发的货，4 月份收的款，5 月份开的发票，你说我该在哪个月缴税？

第一个问题，如果是货物没发，钱也没收，只是开了发票，那么就要缴税。国家税务总局颁布了 2011 年第 40 号公告《国家税务总局关于增值税纳税义务发生时间有关问题的公告》，文件规定，纳税人生产经营活动中采取直接收款方式销售货物，已将货物移送对方并暂作销售收入入账，但既未取得销售款或取得索取销售款凭据也未开具销售发票的，其增值税纳税义务发生时间为取得销售款或取得索取销售款凭据的当天；先开具发票的，为开具发票的当天。大家可以发现，“先开具发票的，为开具发票的当天”，所以即使货没发，款没到账，只要开具发票就要缴税，注意是“只要开票就要缴税”，不是“只有开票才要缴税”。因为拿到发票，就可以抵扣。因此只要开票就要缴税，不管你的货是否发，钱是否收到，都要缴税。

第二个问题，如果票没开，货没发，但是钱收到了，要缴税吗？有人说，把这款放在预收账款就可以不用缴税。但问题是你收的款该不该放在预收账款。分录是企业自己做的，税务机关并不会因为你的分录是这样做就认为是这样的业务的。其实只要这个款有迹象表明已经是货款，你就要缴税，《增值税实施细则》中规定“采取直接收款方式销售货物，无论货物是否发出，均为收到销售款或者取得索取货款凭证的当天”为纳税义务发生的时间，而且上文的40号公告也规定，“其增值税纳税义务发生时间为取得销售款或取得索取销售款凭据的当天”。当然钱不一定是销售款，但销售款肯定是钱。你可能把它放预收账款，但现在有证据证明这个钱是货款，即使放在预收账款，也要缴税。即使不做账，但是证据上体现了，货物的收益与风险已经转移，并且该收益能可靠计量。注意会计上对收入的确认，预计收益可流入，税法上对收益的确认是能够可靠计量。可靠计量要比可流入简单得多，只要能计量即可，计量的是合同的金额，因为会计还要讲究谨慎性，所以只要收到货款就要缴税。

第三个问题，如果钱没收到，票没开具，货发出了，那么现在要不要缴税呢？如果是视同销售在移送时就要缴税。如果是正常销售，比如，在合同上注明“发货收款”，说明只要发了货，就应该收款，但是如果你货发了，钱却没收到。那么就可以根据合同向你要钱，我就对你形成了债权。请记住，只要债权形成就要缴税。这个“索取货款凭据”就是债权形成的依据。如果债权没形成则无须缴税，增值税实施细则规定，“采取赊销和分期收款方式，为书面合同约定的收款日期”。假如我把货卖给 A 公司，分三期收款，合同约定发货当天收 100 万元，今年 9 月 1 日收 100 万元，12 月 1 日收 100 万元，那我在今年的 9 月 1 日到来之前，没有权利向对方索要第二个 100 万元款项。因为在 9 月 1 日到来之前我对 A 公司没有债权。所以只要确保形成债权，就要缴税。

所以，开票、收款或债权形成这三个因素谁先发生就在发生的时候纳税。回到本节一开始的问题，如果合同约定“发货收款”，那么就应在 3 月份纳税，因为 3 月份发货了，就应该收款，债权在 3 月份形成了。如果合同没约定“发货收款”，就在 4 月份纳税，因为 4 月份收到销售额了，肯定不会等到 5 月份。

还有一种特殊的情况，就是你公司如果存在总分公司，总部在 A 地，分公司在 B 地，合同是总公司签订的，货款是总公司收的，总公司要不要缴税？此时票没开，但总公司收了货款就要缴税，但由于客户就在 B 地，客户问你要发票，假如你让分公司给客户开发票，因为分公司开的收入还是总公司的，在所得税方面还是总公司的，但是由于分公司的增值税是B地缴纳，分公司也是一家独立的增值税纳税人，因此分公司在B地开的发票，即使分公司没收钱，即使分公司没发货，没签订合同，但分公司开了票，它也要缴纳增值税，大家看看，一笔业务、总分公司各缴纳一次税款，共缴纳了两次税款。因此当你公司存在总分公司，并且是异地经营，收款和开票一定别分开，要由一家公司完成，否则容易缴纳两道税。

在结算中还有一种叫作票据结算，但票据收到之后大多是有期限的，很多企业为了变现，往往要进行票据贴现。目前的票据贴现有两种贴现方法，一是拿着未到期的汇票到银行办理正常的贴现，自己承担贴现息；二是拿着汇票去中介或非法机构贴现，假如我有汇票500万元去贴现，给我400万元，少给我100万元，这100万元对方不会给我开发票，所以就不能扣除。为什么不去银行贴现，因为很多企业民间贴现开的汇票可能是假的，没有合同，没有交易，都是违法的行为。不但在税收上没拿到发票不能扣除，而且违反了国家相关的金融法规，扰乱金融市场。但我们可以采取另外一种办法。

现在很多银行，特别是地方性银行开展买方付息票据贴现的活动，买方付息票据贴现业务是指根据协议约定，买方（付款人）或卖方（收款人）签发的商业汇票，在由买方或买方开户银行承兑后，买方承诺由其支付贴现利息。卖方持未到期的汇票向其开户银行办理贴现业务时，银行审核无误后，向买方扣收贴现利息，并将全额票款支付给卖方的一种授信业务。 买方付息票据贴现业务与传统的票据贴现业务相比，除贴现利息承担人不同外，票据的出票、承兑、贴现等业务办理行为完全一样。

具体的做法大家可以了解一下，首先买方企业向开户的银行提交《买方付息票据付息承诺函》，承诺凡卖方企业持买方企业交付的银行承兑汇票或商业承兑汇票到银行办理贴现，由此产生的利息费用由买方企业承担。买方企业将足额贴现息存入付息专户或由银行为其应付贴现息核定授信额度；其次买方将承兑汇票并承诺函交卖方；然后卖方持承兑汇票及承诺函向开户的银行申请办理贴现；接着卖方开户的银行按照规定程序审查后，办理贴现，将票面金额全额支付给卖方；最后买方开户的银行从买方企业指定的付息账户扣收贴现息，向买方出具扣息回单（记账凭证）。

汇票是从买方企业开户的银行出来的，对方拿着汇票去买方开户银行贴现，买方银行发现贴现息是买方承担，会把票面金额全部付给贴现方，从买方的账户里面扣下贴现息并且开出一张票据，把票据给买方拿走，买方付了钱，又拿到贴现息票据，就能够在税前金额扣除，没有任何财务风险。

由此可见，买方付息的好处在于：虽然是汇票，但持票方可随时变现，相当于全额付款，因此买家跟卖家谈判可以争取最大的商业折扣。对于财务、市场和融资来讲都是有好处的。

7.3 如何正确识别“视同销售”和把控纳税风险

有一种特殊的货物移送，叫作视同销售，这也是企业经常容易发生税收风险的事情。

假如公司是生产化妆品的企业，把自产的化妆品给职工发福利，放到财务面前的是3张票据，第一张是公司宣布发放福利的决定，第二张是商品的出库单，第三张是职工签收单，根据这三个凭证做分录，“借：应付职工薪酬，贷：库存商品，再贷：应缴税费——应交增值税——销项税额”，不会再做第二笔分录，很多企业认为，因为钱没进账，所以就没有收入，很多财务人员看到钱，才会想起收入，即使分录上没确认收入。但这属于视同销售，所以在所得税上填申报表时，附表里面有视同销售收入，视同销售成本填上去即可。但如果不知道这个行为被视同销售，估计也不会去填。有的企业既在会计上确认收入，又在填表时填进去是错误的。既然会计上确认收入，说明你把它当成正常的销售，就不是视同销售，就不需要填表了。

在2008年之前，增值税和企业所得税的税务处理是一样的，但国家在2008年颁布了国税函〔2008〕828号《国家税务总局关于企业处置资产所得税处理问题的通知》文件，文件规定：

一、企业发生下列情形的处置资产，除将资产转移至境外以外，由于资产所有权属在形式和实质上均不发生改变，可作为内部处置资产，不视同销售确认收入，相关资产的计税基础延续计算。

（一）将资产用于生产、制造、加工另一产品；

（二）改变资产形状、结构或性能；

（三）改变资产用途（如自建商品房转为自用或经营）；

（四）将资产在总机构及其分支机构之间转移；

（五）上述两种或两种以上情形的混合；

（六）其他不改变资产所有权属的用途。

二、企业将资产移送他人的下列情形，因资产所有权属已发生改变而不属于内部处置资产，应该按照规定视同销售确定收入。

（一）用于市场推广或销售；

（二）用于交际应酬；

（三）用于职工奖励或福利；

（四）用于股息分配；

（五）用于对外捐赠；

（六）其他改变资产所有权属的用途。

三、企业发生本通知第二条规定情形时，属于企业自制的资产，应按企业同类资产同期对外销售价格确定销售收入；属于外购的资产，可按购入时的价格确定销售收入。

通过上述文件的规定，我们可以发现，与这个货的来源无关，只要是你的资产，在移送时发生所有权变化的，就是所得税的视同销售。既然是视同销售，如果货物是自产的，那么按照市场同类价格确认收入，按照货物的生产成本确认成本，这样就形成了视同销售的利润；如果货物是外购来的，在移送时所有权发生了变化，按照市场价格确认收入，按照购买价格确认成本，购买价格就是市场价格，那么视同销售收入和视同销售成本一般是一样的，那么视同销售的利润即为零；即使不一样，差额也很小。因此大家要注意。

下面分析一下增值税，根据增值税实施细则的规定，当企业发生下列行为时，则被认定为增值税的视同销售：

（1）将货物交付他人代销；

（2）销售代销货物；

（3）设有两个以上机构并实行统一核算的纳税人，将货物从一个机构移送其他机构用于销售，但相关机构设在同一县（市）的除外；

（4）将自产或委托加工的货物用于非应税项目；

（5）将自产、委托加工或购买的货物作为投资，提供给其他单位或个体经营者；

（6）将自产、委托加工或购买的货物分配给股东或投资者；

（7）将自产、委托加工的货物用于集体福利或个人消费；

（8）将自产、委托加工或购买的货物无偿赠送他人。

我们将上文的（4）至（8）条做一下总结：

第一，自产、委托加工——集体福利、个人消费和非增值税项目。

第二，自产、委托加工或外购——投资、分配和捐赠。

请看图中这个横线的左边，上面和下面有哪个地方不一样？上面没有外购，下面有外购，因此，如果将外购的用于集体福利、个人消费和非应税项目就不能叫作

视同销售了。如果将外购的用于投资、分配和捐赠，就叫作视同销售；上面和下面都有自产和委托加工，因此我总结出两点，（1）只要这个产品是自产或委托加工来的，不论用到什么地方，只要不是继续生产使用，而是非生产使用，那就是“视同销售”，就需要计算销项税额；（2）如果货物是你外购的，外购来的内部使用，不叫作“视同销售”。外购来的另外部使用，叫作“视同销售”。另所有权变化就是所得税的视同销售，所有权不变化就不是所得税的视同销售。比如，奇瑞公司将自产出来的小汽车奖励给职工，那么在增值税方面就是视同销售。很简单，只要是自产的资产非生产用就是增值税的视同销售。所得税同样因为汽车的所有权变化了，所以两个税种的视同销售就一致了。如果奇瑞公司把自产的小汽车给公司的管理部门使用，那么增值税是视同销售。因为同样是自产的产品非生产用。但所得税就不是视同销售，因为汽车的所有权没有变化，原来是库存商品，现在是固定资产。

把东西送给别人对企业来说叫作视同销售，如果对方是个人，要不要缴纳个人所得税呢？我也做了一下总结，给大家做了一下区分，有以两点：

1. 不征收个人所得税的类型

（1）企业通过价格折扣、折让方式向个人销售商品（产品）和提供服务。

（2）企业在向个人销售商品（产品）和提供服务的同时给予赠品，如通信企业对个人购买手机赠话费、入网费，或者购话费赠手机等。

（3）企业对累积消费达到一定额度的个人按消费积分反馈礼品。

2. 征收个人所得税的类型

（1）企业在业务宣传、广告等活动中，随机向本单位以外的个人赠送礼品，对个人取得的礼品所得，按照“其他所得”项目，全额适用 20% 的税率缴纳。

（2）企业在年会、座谈会、庆典及其他活动中向本单位以外的个人赠送礼品，对个人取得的礼品所得，按照“其他所得”项目，全额适用 20% 的税率缴纳个人所得税。如向本单位的个人发放赠品的，应按工资、薪金所得扣缴。

（3）企业对累积消费达到一定额度的顾客，给予额外抽奖机会，个人的获奖所得，按照“偶然所得”项目，全额适用 20% 的税率。

我们分析一下，以防混淆，如果企业通过价格折扣、折让方式向个人销售商品（产品）和提供服务，不缴纳个人所得税；如果企业在向个人销售商品和提供服务的同时给予赠品，如卖手机送蓝牙耳机，我们认为是捆绑销售，也不需要缴纳个人所得税；如果企业对累计消费达到一定额度的个人按消费积分回馈礼品，虽然是根据积分拿礼品，但积分是根据你的销售额来定，礼品是因为销售发生，所以只要这个礼品的赠送跟销售捆绑在一起或同时发生的，那拿到这个礼品就不需要缴纳个人所得税，当然，企业也不需要帮个人代缴。如果这个礼品跟销售无关，是企业在业务宣传、广告等活动中，随机向本单位以外的个人赠送礼品；企业在年会、座谈会、庆典及其他活动中向本单位以外的人赠送礼品，都须按其他所得缴纳 20% 的税；如果企业对累计消费达到一定额度的顾客，给予额外抽奖机会，个人的获奖所得，则按照“偶然所得”缴纳税，虽然这个抽奖的机会是根据销售发生的，但能否拿到奖与销售无关。所以应按照偶然所得征收个人所得税。

比如，商场、超市每逢佳节、过年的时候一般会搞活动。在超市买东西，单票金额只要超过188元，就给你一个抽奖的券，去转那个“大转盘”，而现实中只要转大转盘基本都能中奖，只是奖品大小不一样，不管中的什么奖，都是从大转盘里转出来的，都属于偶然所得，因此，都要缴税。所以商家搞活动，如果准备拿100万元搞活动，往往只拿出80万元买奖品，留下20万元，集体代缴中奖者的个人所得税。既然大家都能中奖能不能出门就送呢？出门就送应该不用缴税。188元以下的送肥皂一块，188元～288元的送洗衣粉一袋，288元～388元送洗浴套装一袋，488元～588元的送洗浴套装两袋，588元以上的去抽奖，这时只剩下一、二、三等奖，60万元买小礼品，20万元买大礼品，这时候，通过赠送的只有20万元，20万元的20%是4万元的税，而如果全部送呢？本来要缴16万元的税，一下就省下12万元。

7.4 如何正确处理销售中违约金和价外费用的纳税问题

在销售中经常存在违约金和价外费用的问题，注意，违约金收入一般情况下只涉及所得税，不涉及流转税，除非有一种特殊的情况。在实践工作中，有可能是卖家违约，也有可能是买家违约，违约了还要看这个合同要不要继续执行，有可能终止，有可能继续，这样就会出现以下几种情况，分别是：①卖家违约，卖家要向买家付违约金；注意，如果是买家从卖家那里得到一笔违约金收入，不管合同有没有终止，买家得到这笔钱都只缴纳所得税，不缴纳流转税，并且买家也不需要向卖家开具任何发票，因为违约金收入不属于经营业务收入，开一张收款收据即可。②如果是买家违约，买家要向卖家付违约金，那么卖家得到这个违约金要不要缴纳流转税呢？就要看合同有没有执行，如果合同继续执行，卖家就从买家手里得到两笔钱，一笔是销售额，另一笔是违约金，此时的

违约金就是销售额的价外收入，要一并缴纳增值税。按照财政部，国家税务总局《关于营业税若干政策问题的通知》（财税〔2003〕16号）文件的规定，单位和个人提供应税劳务、转让无形资产和销售不动产时，因受让方违约而从受让方取得的赔偿金收入，应并入营业额中征收营业税。如果这个合同没有执行而终止，卖家从买家那里只得到一笔违约金，没有销售额。那么此时的违约金就是单纯的违约金，不缴纳流转税。

企业可以利用违约金来运作，违约金可高可低，可有可无，国家对违约金有没有规定一个公允价格因此，高和低都是合理的。我曾经遇到一家房地产开发企业，这家企业因开发需要融资，但是银行的开发贷款申请不下来，就找了一家民资的投资公司，准备跟对方借3 000万元，借款时间为3个月，最后需要支付利息300万元。虽然利率很高，但这家开发企业也同意了。但对方说将来收取利息时不能向这家房地产开发企业开任何发票。所以我问那家房地产开发企业的老总，“你和那个投资公司合作，你的目标是什么？”老总说，“借钱啊！”我说他的目标不是借钱，而是融资。提到融资，大家都会想到融资方式有两种：一是债权融资，二是股权融资。现在这家房地产企业操作的就是债权融资这个方案，但对方不能给开发票，因此这个方案遭到了障碍。如果用第二种方案，让对方把3 000万元投到公司来，可以。但是吸收投资不是一个短期行为，它要影响到公司股权的减配，公司老板不一定愿意这么做，所以股权融资是一个战略问题。

那么，融资除债权融资和股权融资外，还有没有其他的融资方案呢？卖房子，这个企业说房子卖不出去，人家不要。不要没关系，将来把房子再退给我。我们可以先签订一份售房协议，1 500 平方的商铺卖 3 000 万元，同时合同约定，开发商要在 3 个月之内完成商铺的交付，如果商铺交付不了就认定开发商违约，销售合同终止，退还之前收到的 3 000 万元房款并且支付违约金 300 万元。当然，3 个月后，商铺交付不了，于是我们将 3 000 万元退还给对方，现在我违约了，3 000 万元房款还给对方并支付违约金 300 万元。注意现在对方拿到的不是利息而是 300 万元的违约金，因此对方不需要缴纳营业税，只需要缴纳企业所得税，对方不必给我开发票，开个收款收据就行。如果我支付的是利息即使取得发票也不能全扣，但是我现在付的是违约金，违约金是商业性违约，可以在税前全额扣除。但是有人会说，开发商把房子卖掉形成预收款，预收款要交营业税。没关系，虽然我的房子又退回来了，预收款缴纳了营业税也不会退。但是可以抵扣。抵扣以后卖的房子需要缴纳营业税。但是需要大家注意一下，既然签订售房协议，就可能要交印花税，然而印花税关键是有的企业签订合同时就要缴纳，有的企业事后根据整个的销售额同营业税一起同缴纳。有的企业没签订合同也要缴纳印花税，主要看当地的征管规定，但不管如何，利用违约金“可高可低、可有可无”的特性可当作一种非常变通的行为。当然这里需要注意的是你的企业不要总是这么做，全部把违约金变成主营业务收入肯定不行。不管这个方案能不能实施，多去想总比不想好。

7.5 如何正确处理销售中手续费和业务提成的纳税问题

接下来讲一讲，在销售中经常发生的手续费和业务提成。我们很多企业请人家帮企业工作干活，比如说，帮我们卖货，帮我们做中介，帮我们代理，你就要给人家相关的费用，这个费用可以称为“佣金”，“手续费”，也可以称为“劳务费”，“服务费”。请注意，千万不要把这个费用随便地叫作“佣金”或“手续费”，因为真正的佣金是对方帮你干这个工作需要专业资质的。不需要资质干的工作而拿的钱不叫做“佣金”。比如说保险从业人员，因为与跟保险公司并没有签订劳动合同，他是一个单独的从业者——保险代理经销人员。他是按照他的保险的销售额从公司拿佣金。因为是“保险代理”，他必须要有保险从业资格证书。还有报关、报检、报验等，都要资质。不要资质的话拿到的钱你就不能把它叫作佣金。销售佣金是指企业在销售业务发生时支

付给中间人从事中介服务的报酬，中间人必须是有权从事中介服务的单位或个人，但不包括本企业的职工。佣金与回扣具有完全不同的法律性质。佣金是指经营者在市场交易中给予为其提供服务的具有合法经营者资格的中间人的劳务报酬，如保险营销员推销保险所取得的手续费或佣金。佣金是给付中间人的劳务报酬，因为中间人为促成交易付出了劳务，佣金可以是一方支付，也可以是双方支付，接受佣金的只能是中间人，而不是交易双方，也不是交易双方的代理人、经办人，这是佣金和回扣的重要区别。接受佣金的可以是单位，也可以是个人。

财政部国家税务总局《关于企业手续费及佣金支出税前扣除政策的通知》（财税〔2009〕29号）对企业发生的手续费及佣金支出的税务处理进行以下规定：

（1）企业发生与生产经营有关的手续费及佣金支出，不超过以下规定计算限额以内的部分，准予扣除；超过部分，不得扣除。

① 保险企业：财产保险企业按当年全部保费收入扣除退保金等后余额的15%（含本数，下同）计算限额；人身保险企业按当年全部保费收入扣除退保金等后余额的10%计算限额。

② 其他企业：按与具有合法经营资格中介服务机构或个人（不含交易双方及其雇员、代理人和代表人等）所签订服务协议或合同确认的收入金额的5%计算限额。

（2）企业应与具有合法经营资格中介服务企业或个人签订代办协议或合同，并按国家有关规定支付手续费及佣金。除委托个人代理外，企业以现金等非转账方式支付的手续费及佣金不得在税前扣除。企业为发行权益性证券支付给有关证券承销机构的手续费及佣金不得在税前扣除。

（3）企业不得将手续费及佣金支出计入回扣、业务提成、返利、进场费等费用。

（4）企业已计入固定资产、无形资产等相关资产的手续费及佣金支出，应当通过折旧、摊销等方式分期扣除，不得在发生当期直接扣除。

（5）企业支付的手续费及佣金不得直接冲减服务协议或合同金额，并如实入账。

（6）企业应当如实向当地主管税务机关提供当年手续费及佣金计算分配表和其他相关资料，并依法取得合法真实凭证。

需要资质的才可以叫作佣金，不需要资质就叫作劳务费或者服务费。问题来了，如果对方是个人，他不可能给我开票，我把钱给他了，他不给我发票，那我税前就不能扣除这个费用啊，怎么办？如果让税务机关帮对方代开这张劳务发票，对方的个人所得税就必须替他代缴税，那么税金就是我承担，但是税务局开的完税证明是对方个人的名字，公司不能将替个人承担的个人所得税计入公司的成本费用的。比如，你请我去给你公司上课，上课的报酬是20 000元，我们签订一份合同，合同上约定课酬是20 000元。你拿着我的身份证复印件，签订的合同，到税务机关去开劳务票，税务机关肯定要让你缴纳20%的税（4 000元），你总共支付24 000元，但是税务机关给你开的票只有20 000元，还有4 000元怎么办？并且完税凭证上是我的名字，属于我的支出，虽然钱是你花的。你如果把我的凭证计入你的费用，这就无关支出，是不能扣除的。很多企业为此而烦恼，怎么办？其实很简单，签订合同的时候签 25 000 元，并且加上一句话，此金额为乙方的税前金额，乙方相关税前金额由甲方代扣代缴。开出的发票金额是 25 000 元，再收 20% 的税，25 000×20%=5 000 元。现在你缴纳的那笔税是 5 000 元，给我的是 20 000 元，总共花了 25 000 元，而拿到的发票的金额是 25 000 元。

7.6　公司内部总分之机构间货物移送的纳税风险识别与处理

接下来，跟大家讲关于货物的移送的话题，这是个让大家非常难以理解的话题。

假如 A 和 B 是母子公司，我现在将货从 A 公司移送到 B 公司，如果没有收款，就视同销售。假如 A 和 B 是总分公司，货物在总分公司之间移送，分公司再大，也是总公司的一个部门，因此所有权没有变化，因此在所得税方面不叫作视同销售，那么增值税方面呢？首先分公司虽然不是一家独立的企业，但它是一个独立的增值税纳税人，一旦货物发生移送，就是不同的纳税人之间移送，就可能存在增值税。《增值税条例实施细则》规定：设有两个以上机构并实行统一核算的纳税人，将货物从一个机构移送其他机构用于销售，应视同销售货物，但相关机构设在同一县（市）的除外。现在 A 和 B 是同一个核算的两个分公司，假如货物从 A 分公司移送到 B 分公司，B 分公司将这批货用于销售，B 公司要正常缴税，货是 A 分公司移过去的，虽然是公司内部移动，在所有权上没有发生转移，但是根据规定，A 分公司将货物移送过去的行为，我们规定为视同销售，A 分公司也要缴纳增值税。但是如果这两个机构在同一个县（市）内除外，也就是说如果货物在同一个县（市）范围之内移来移去，他卖出去要缴税，我移过去不要缴税。大家注意，如果“市”在“县”的后面并且加括号，是指县级市，如果“市”在“县”的前面并且不加括号，至少是地级市。因为一个县只有一个税务局。因此，文件规定的“同一个县（市）”是指只要这两个分支机构归同一个税务局管辖，他们之间的移送就不作为视同销售。如果跨局管辖，就要缴税。但如果他没用于销售，我也不用缴税。什么叫作“用于销售”呢？“用于销售”是指另一家分公司那边“开票”或“收款”，这两项只要做其中一项，我们就认为是用于销售了。假如说B公司是我设在外地的一个仓库，我把货移过去，但是整个合同是我签订的，货是他发的，票是我开具的，货款是我收的，那整个业务是我在销售，而B公司仅仅是发货，我们就认为B公司不是用于销售，不需要缴税，我之前货物移送过去的行为也不作为视同销售。

比如，某家纺公司在省外设立了三个发货点，淡季把生产的产品陆续运到省外的发货点，旺季再从发货点销售到各个购货单位，这样可以减少整个货物的配送环节，公司在外省设立的发货点所发生的费用实行报账制，由公司统一核算，催收货款和开具发票由公司办理。2014年10月～2014年12月，公司账面反映有1400万元产成品分别运到了上述三个发货点，这1 400万元产生的进项税额是190万元，那么该公司发到上述发货点后，只卖掉了1 280万元的货物，其中进项税是173.7万元，并已开具发票，其余的120万元货物因质量问题准备削价处理，但这批货物仍在发货点。那么我问大家，现在货确实已经送了，但是发货点没有销售（没有开票也没有收款），因此我们不认为是跨地区用于销售的，现在货真正卖出去的是1 280万元，虽然我这边移出去的是1 400万元，发货点就是个仓库，不需要缴税，那我按 1 280×17%-173.7 万元缴税。例如发票是总部开具的，货款是发货点收的，发货点卖了 1 280 万元，发货点就按 1 280×17% 的计算结果缴税，总部移出去 1 400 万元的货，就按 1 400×17% 的计算结果缴税。

假如说公司有套设备用了好几年，现在把设备卖给分公司。请问，总公司对分公司销售需不需要缴纳增值税呢？财税〔2008〕170 文第四款规定：自 2009 年 1 月 1 日起，纳税人销售自己使用过的固定资产，应区分不同情形征收增值税。因此设备如果是 2009 年之前买的，那说明当时没有抵扣进项税，现在把设备卖给分公司，按 4% 减半征收。如果设备是 2009 年之后买的，说明当时进项税已经抵扣了，那么现在卖给分公司按 17% 计算销项税。不管是 4% 减半还是 17% 都要计算增值税，因为总、分公司是增值税的独立纳税人。纳税人销售自己使用过的固定资产，其纳税人可能是总公司，分公司，母公司，子公司。把设备卖给分公司一旦收款就要缴税，那不收钱呢？假如总部统一采购了一批打印机，然后总部把打印机分给各个分公司，没有收钱，那要不要缴税？大家注意，如果该项固定资产是总公司专门为分公司购买的，总公司未使用或者如果这种移送仅仅是一种借用的行为，固定资产仍反映在总公司的账上，因此这种移送不需要缴纳增值税，虽然是分公司，但资产还在原纳税人名下，并没有发生转移。但是如果你把打印机由分公司进行会计核算，那就认定你们在总公司、分公司不同纳税人之间进行了权属的移送，就要缴税。还有到底由谁进行折旧好呢？无论谁折旧，都不影响所得税。但是从账簿上反映出来账目的转移，必然带来相关资产的转移。

关于销售环节的那点税事，最后送给大家三点建议。

第一，在实施销售业务时儿，一定要做好“四流统一”，即跟谁签订合同，就跟谁发生业务关系，就跟谁收款，发票就开给谁。合同流和发票流尤为重要，这两者一定要统一，判断标准时，合同的甲乙双方要与发票的开票方与受票方一致。

第二，如果存在总分机构，在销售时，开票与收款要由一家机构完成，不能总机构收款，分支机构开票（或者分支机构收款，总机构开票）。避免一笔销售业务双方都要缴纳增值税。

第三，如果存在随销售一起发生的一些劳务性等价外收入，要将劳务性收入随同销售款一并开入增值税发票的销售中，不要单独开具缴纳营业税的劳务发票。避免应被认定为混合销售而重复缴纳增值税和营业税。

第八章

收益分配：合理税收决定了到底能拿多少

——公司薪酬如何配置将直接影响员工最后的所得，设计得好可以获得最大的收益。

——福利有“三化”，你是哪一化？

——企业各类补助多，但假如补助得不好，那就又“对不住”员工。

8.1 工资薪酬如何配置才能实现税负的节约

现在和大家再聊一聊分配方面的税务事项。首先讲一下工资的分配，关于工资的个人所得税的筹划我总结了几种方法，分别有：工资奖金化、奖金工资化、工资费用化、工资股利化、工资公积化、工资劳务化等。如果你现在每个月工资 5 500 元，5 500 元减去 3 500 元还有 2 000 元，2 000 元适用于 10% 的税率。如果工资为 5 000 元，那就是适用 3% 的税率。那么每月少发的 500 元一年汇总下来总计 6 000 元，企业作为年终奖发给员工，6 000 元的年终奖适用的税率也只有 3%，可以看到年收入总额没有变，但总税负大大降低。这个例子说明工资奖金化与奖金工资化的。

假定某人年收入为 12 万元，现有每月工资分别为 3 500 元、5 000 元或 10 000 元三个方案，那么年终奖分别是 78 000 元、60 000 元和 0 元。全年的个人所得税就分别为 15 045 元、11 985 元和 8 940 元。大家可以发现这三个分配方案的个人所得税是不一样的。

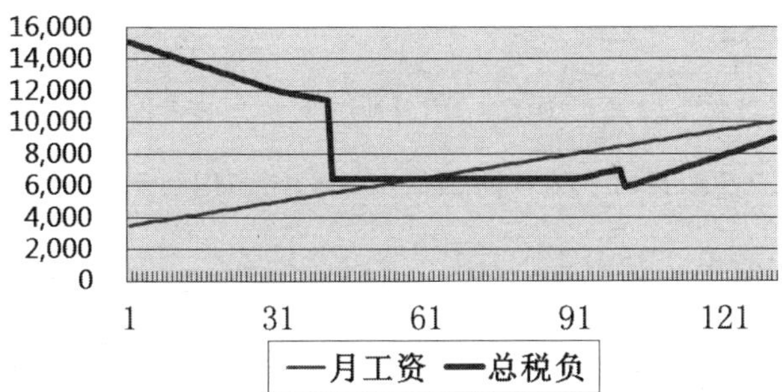

上图的折线就是对应的全年的个人所得税的税负的走势图。对该表进行了进一步的分析，说明工资可以通过内部配置的设计以达到最优化。同时根据刚才原理，设计一个 Excel 表格，这个表格只要把年收入输入，就会自动地告诉你哪种工资的税是最低的。这就是工资的纳税预算。

年收入最优工资模型

年收入：120,000.00

	A	B	C	D	E	F	G	H	I	J	K	L
3	序号	月收入	扣除额	应纳税所得额	适用税率	速算扣除数	应纳税额	年终奖	年终奖适用税率	年终奖适用扣除数	年终奖应纳税额	全年应纳税额
4	1	3,500.00	3,500.00	-	0.03	-	-	78,000.00	0.20	555.00	15,045.00	15,045.00
5	2	3,550.00	3,500.00	50.00	0.03	-	1.50	77,400.00	0.20	555.00	14,925.00	14,943.00
6	3	3,600.00	3,500.00	100.00	0.03	-	3.00	76,800.00	0.20	555.00	14,805.00	14,841.00
7	4	3,650.00	3,500.00	150.00	0.03	-	4.50	76,200.00	0.20	555.00	14,685.00	14,739.00
8	5	3,700.00	3,500.00	200.00	0.03	-	6.00	75,600.00	0.20	555.00	14,565.00	14,637.00
9	6	3,750.00	3,500.00	250.00	0.03	-	7.50	75,000.00	0.20	555.00	14,445.00	14,535.00
10	7	3,800.00	3,500.00	300.00	0.03	-	9.00	74,400.00	0.20	555.00	14,325.00	14,433.00
11	8	3,850.00	3,500.00	350.00	0.03	-	10.50	73,800.00	0.20	555.00	14,205.00	14,331.00
12	9	3,900.00	3,500.00	400.00	0.03	-	12.00	73,200.00	0.20	555.00	14,085.00	14,229.00
13	10	3,950.00	3,500.00	450.00	0.03	-	13.50	72,600.00	0.20	555.00	13,965.00	14,127.00
14	11	4,000.00	3,500.00	500.00	0.03	-	15.00	72,000.00	0.20	555.00	13,845.00	14,025.00
15	12	4,050.00	3,500.00	550.00	0.03	-	16.50	71,400.00	0.20	555.00	13,725.00	13,923.00
16	13	4,100.00	3,500.00	600.00	0.03	-	18.00	70,800.00	0.20	555.00	13,605.00	13,821.00
17	14	4,150.00	3,500.00	650.00	0.03	-	19.50	70,200.00	0.20	555.00	13,485.00	13,719.00
18	15	4,200.00	3,500.00	700.00	0.03	-	21.00	69,600.00	0.20	555.00	13,365.00	13,617.00
19	16	4,250.00	3,500.00	750.00	0.03	-	22.50	69,000.00	0.20	555.00	13,245.00	13,515.00
20	17	4,300.00	3,500.00	800.00	0.03	-	24.00	68,400.00	0.20	555.00	13,125.00	13,413.00

对应的函数分别是：

D4= B4-C4

E4=IF(D4<=1500,0.03,IF(D4<=4500,0.1,IF(D4<=9000,0.2,IF(D4<=35000,0.25,IF(D4<=55000,0.3,IF(D4<=80000,0.35,0.45))))))

F4=IF(D4<=1500,0,IF(D4<=4500,105,IF(D4<=9000,555,IF(D4<=35000,1005,IF(D4<=55000,2755,IF(D4<=80000,5505,13505))))))

G4 =D4*E4-F4

H4 =B2-B4*12

I4=IF(H4/12<=1500,0.03,IF(H4/12<=4500,0.1,IF(H4/12<=9000,0.2,IF(H4/12<=35000,0.25,IF(H4/12<=55000,0.3,IF(H4/12<=80000,0.35,0.45))))))

J4=IF(H4/12<=1500,0,IF(H4/12<=4500,105,IF(H4/12<=9000,555,IF(H4/12<=35000,1005,IF(H4/12<=55000,2755,IF(H4/12<=80000,5505,13505))))))

K4=H4*I4-J4

L4=K4+G4*12

上面的 Excel 表格中，只要输入你的年收入总和，表格自动告诉你如何分配月工资和年终奖的数据，让全年的个人所得税最低。

8.2 如何正确把握福利的“三化”才能降低纳税成本

下面讲公司的福利。福利有福利货币化、福利实物化、福利统筹化三种。什么叫作福利货币化？比如，马上端午节了，每个职工发 300 元过节费，单位把这 300 元计入集体福利费，个人并入工资在当月缴纳个人所得税，什么叫作福利实物化？不发钱，每人发十斤粽子单位把买粽子的花费计入集体福利，个人虽然没拿到钱，但是要把这十斤粽子的个人所得算成钱，并计入当月工资缴纳个人所得税，因此发实物也要缴纳个人所得税；什么叫作福利统筹化？就是东西不到个人手中，大家一起用，不归个人最终拥有。比如，每个人面前放十斤粽子，大家一起吃。统筹化的福利不需要缴纳个人所得税。福利最好不要货币化，尽可能少实物化。第一个是通信补贴。如果每位员工每月发 300 元电话补贴是要缴纳个人所得税的。如果职工每个月可以拿发票来报销 300 元，电话费发票上是个人的名字，一看就是实物化福利，也要缴纳个人所得税。如果单位用 10 万元买电话卡，电信公司把发票开给单位，然后把电话卡发给员工，这样是不是就可以不需要缴纳个税了呢？不行，因为计入公司的管理费用的电话费是指你公司在电信公司备案的那个号码所消费的话费，为员工统一购买的电话卡仍然属于实物化福利。那应该怎么办呢？以公司的名义在电信部门开个户，电信公司会给你配一台交换机，交换机下面有好多分机号码，每个分机号码有一个小手机，所有手机的话费就统一由总号支付，这就变成统筹化通信。

第二个是交通补贴。再也不要给每个员工500元交通补贴，因为这是货币化福利，也不要拿汽油票来报销了，因为公司季度管理费用的油费太高，报销的发票中有的是开给单位的，有的是开给个人的，税务机关会怀疑公司虚列支出费用。有人说可以搞“私车公用”，单位跟个人将车租过来。但是要想证明私车是公用的，必须要签订租赁协议。那怎么办呢？很简单，搞个班车，如果公司人少，你可以联合楼上其他单位、楼下其他单位、旁边的其他单位一起去弄，统一由这座写字楼管理委员会统一去弄，这个楼里就有几千人了。

第三个是伙食补贴。不要每个月往工资卡里打300元，因为这是货币化。如果单位给配一个内部的卡，单位每个月向卡内打300元，我用这个卡去食堂吃饭，钱不够用了，自己往里面充值，钱用不完可以到食堂旁边的小卖部买点日常用品回家，那么这个卡仍然缴税，因为它仍然是货币化。那怎么办？记住，统筹化就是让员工统一来消费。比如，食堂免费的用餐，但是不能乱吃，可以搞个团餐，那一桌财务部的10个菜，这一桌销售部的10个菜，大家的标准是一样的，员工不需要掏一分钱就可以享用单位的工作餐了。

最后说说住房补贴，也不要每个月给新员工打500元，给你去租房子，这是货币化，或者说你租了房子拿发票来报销，给你报销这是实物化。单位既然每年要招很多新员工，可以单位的名义租一栋楼，提供免费的宿舍。

福利下有个补贴，这个补贴很多人不了解，为什么呢？因为有些补贴要缴纳个人所得税，有些补贴就不要缴纳个人所得税，有些补贴在企业里需计入工资总额，有些补贴是计入福利费，有些补贴直接进期间费用，这让人分不清。根据《国家税务总局关于个人所得税有关政策问题的通知》（国税发〔1999〕58号）规定，只有经省级地方税务局根据纳税人公务交通、通信费的实际发放情况调查测算后，报经省级人民政府批准、国家税务总局备案的一定标准之内的公务交通、通信费用才可以扣除。除此之外，或者超出这一标准的公务费用，一律并入当月工资、薪金所得计征个人所得税。

那么各个省市关于交通和通信费补贴标准又是如何规定的呢？下面给大家整理一下。希望对大家有所帮助。

一、天津关于单位为个人负担办公通讯费征收个人所得税问题的通知

天津市地方税务局文件津地税所〔2007〕18号《关于单位为个人负担办公通讯费征收个人所得税问题的通知》相关规定：近接部分区县地税局请示关于单位为个人负担通讯费如何征收个人所得税问题，经研究，明确规定如下，请遵照执行。

1. 单位因工作需要为个人负担的办公通讯费用，采取全额或限额实报实销的，暂按每人每月不超过300元标准，凭合法凭证，不计入个人当月工资、薪金收入征收个人所得税。

2. 单位为个人负担办公通讯费用以补贴及其他形式发放的，应计入个人当月工资、薪金收入征收个人所得税。

3. 本规定自2008年1月1日起执行。

二、辽宁省关于通讯费免征个人所得税问题

辽宁省已下发了文件规定省直机关按照辽人发〔2004〕13号规定通讯费补贴可以全额扣除，免征个人所得税，但目前辽宁省地方税务局未对企业通讯补贴扣除标准作出明确规定，因此以现金形式支付的通讯补贴要并入支付当月的工资薪金所得计算缴纳个人所得税，党政机关的通讯补贴标准企业不得比照执行。

三、浙江省地方税务局关于个人取得通讯费补贴收入征收个人所得税问题的通知

根据国家税务总局《关于个人所得税有关政策问题的通知》（国税发〔1999〕58号）精神，经省政府同意，现就我省个人取得通讯费补贴收入征收个人所得税有关问题通知如下：

1. 个人取得各种形式（包括现金补贴和凭票报销等）的通讯费补贴收入，扣除一定标准的公务费用后，按照“工资、薪金所得”项目计征个人所得税。按月取得的，并入当月“工资、薪金所得”计征个人所得税；不按月取得的，分解到所属月份并与该月份“工资、薪金所得”合并后计征个人所得税。

2. 公务费用的扣除标准规定如下：（1）根据浙委办〔2000〕99号文件规定享受通讯费补贴的党政机关工作人员，参照浙委办〔2000〕99号文件规定的标准予以扣除；（2）按照企事业单位规定取得通讯费补贴的工作人员，其单位主要负责人在每月500元额度内按实际取得数予以扣除，其他人员在每月300元额度内按实际取得数予以扣除；（3）既按照浙委办〔2000〕99号文件规定取得

补贴、又按企事业单位规定取得通讯费补贴收入的个人，只能选择上述标准之一进行扣除；个人取得超过上述标准的通讯费补贴收入一律并入个人“工资、薪金所得”征收个人所得税。

3. 企事业单位必须事先将本单位通讯费补贴的具体方案报主管地税机关备案，否则一律不得予以扣除。

4. 本通知自文到之日起执行。以前规定与本通知规定不符的，一律按本通知规定执行。文件到之前党政机关工作人员根据浙委办〔2000〕99号文件规定取得的通讯费补贴收入也按本通知规定执行。

四、金华市关于个人取得通讯费补贴收入征收个人所得税问题的通知

根据浙江省地方税务局《关于个人取得通讯费补贴收入征收个人所得税问题的通知》（浙地税发〔2001〕118号）精神，结合我市实际，现就我市个人取得通讯费补贴收入征收个人所得有关问题通知如下：

1. 行政机关、企、事业单位工作人员取得的通讯费补贴收入（包括现金补贴和凭票按实报销等形式），扣除一定标准的公务费用后，按照“工资、薪金所得”项目计征个人所得税。按月取得的，并入当月“工资、薪金所得”计征个人所得税；不按月取得的，允许分解到所属月份与该月份“工资、薪金所得”合并后计征个人所得税。

2. 通讯公务费用的扣除标准规定如下：（1）按照市委办〔2001〕52号文件规定标准享受通讯费补贴的党政机关工作人员，参照市委办〔2001〕52号文件规定的标准予以扣除（附后）；（2）取得通讯费补贴的企事业单位工作人员，其单位主要负责人（正、副职）

在每月500元额度内实际取得数予以扣除，其他人员在每月300元额度内按实际取得数予以扣除；（3）既按市委办〔2001〕52号文件规定标准取得补贴，又按企事业单位规定标准取得通讯费补贴收入的个人，只能选择上述标准之一进行扣除；个人取得超过上述标准的通讯费补贴收入一律并入个人“工资、薪金所得”征收个人所得税。

3．企事业单位必须事先将本单位通讯费补贴的具体方案报主管地税分局备案，否则个人取得的通讯费补贴收入一律不得予以扣除。

4．本通知自2001年11月1日起执行。以前规定与本通知规定不符的，按本通知规定执行。

五、北京市关于个人取得通讯费补贴收入征收个人所得税问题的规定

现将《国家税务总局关于执行〈企业会计制度〉需要明确的有关企业所得税问题的通知》（国税发〔2003〕45号）（以下简称《通知》）转发给你们，并结合《财政部、国家税务总局关于印发〈关于执行〈企业会计制度〉和相关会计准则有关问题解答（三）〉的通知》（财会〔2003〕29号）的文件精神，补充通知如下，请一并依照执行。

纳税人支付给职工与取得应纳税收入有关的办公通讯费用，无论采取何种支付方式，企业所得税税前扣除的最高限额为平均每人每月300元。

本通知自2003年1月1日起执行，以前制定的文件与本通知内容不一致的，按照本通知的规定执行。

六、上海市关于转发国家税务总局《关于执行〈企业会计制度〉需要明确的有关所得税问题的通知》及本市实施意见的通知

现将《国家税务总局关于执行〈企业会计制度〉需在明确的有关所得税问题的通知》（国税发〔2003〕45号）转发给你们，并结合本市实际，提出如下实施意见，请一并按照执行。

纳税人发生的与取得应纳税收入有关的办公通讯费用，可选择据实列支或包干使用的方法处理，但不可两种方法混合使用。采用包干使用方法的纳税人，应制定办公通讯费包干使用方案，并报主管税务机关备案。包干使用办公通讯费的方案，由纳税人根据企业经营业务需要并参照市政府制定的市级政府机关通讯费标准制定。与取得应纳税收入无关人员的通讯费不得税前扣除。

七、广东省关于个人取得通讯费补贴收入征收个人所得税问题的规定

国税：企业依据电信部门的发票为已签订劳动合同的本企业职工报销的与取得应税收入有关的办公通讯费用，准予税前扣除；企业以办公通讯费名义发放给职工的补贴以及为未签订劳动合同的职工报销的办公通讯费用，应作为工资薪金支出。

地税：纳税人发给职工与取得应税收入有关的办公通讯费，按照主要负责人每人每月500元，其他人员每人每月300元的额度内凭发票据实扣除，超过上述规定范围和标准为职工报销的办公通讯费用，或以办公通讯费名义发放给职工的现金补贴以及为未签订劳

动合同的职工报销的办公通讯费用，应作为工资薪金支出处理。按规定由财政负担个人通讯费补贴的事业单位、社会团体不得在税前扣除相应的费用。纳税人年度申报时应将通讯费发放形式、发放人员类型、人员总数及其占总人数比重、实际报销金额及申报在税前扣除的金额等情况报送税务机关。

根据广东省税务局《转发国家税务总局关于印发〈征收个人所得税若干问题的规定〉的通知》(粤税发〔1994〕159号，以下简称《规定》转发给你们，并结合我市的实际情况，补充意见如下：

1. 对纳税人取得的误餐补助收入，以每人每月26天计算，每人每天不超过10元标准范围内的，不征个人所得税；对超过上述标准的一律并入工资、薪金所得项目计算征收个人所得税。

对个人取得下列收入项目暂不征收个人所得税：按有关规定发放的上下班交通费、房屋维修补贴、房租补贴、水电费补贴、住房公积金、公费医疗补贴。

八、广州市地税局《关于个人通讯补贴收入征收个人所得税问题的通知》（穗地税发〔2007〕201号）

根据国家税务总局有关规定，个人因通讯制度改革而取得的通讯补贴收入，可扣除一定标准的公务费用后，按照“工资、薪金”所得项目计征个人所得税。上述公务费用的扣除标准，在广东省地方税务局没有统一规定前，省直党政群机关、参照公务员管理的事业单位、省高级人民法院、省人民检察院在职人员，按照《关于省直机关单位通讯费改革的实施意见的通知》（粤纪发〔2002〕31号）第二条规定的通讯费补贴标准执行。即正副省（部）级每月发放650元；正副厅（局）长、巡视员580元，助理巡视员（副厅级）530元；处长450元、调研员（正处级）380元，副处长350元、助理调研员（副处级）300元；正科级200元，副科级150元；其他工作人员（含在编工勤人员）100元。市（区）直党政群机关、参照公务员管理的事业单位、市（区）人民法院、市（区）人民检察院在职人员，按照《印发〈关于市直机关单位通讯费改革的实施意见〉的通知》（穗财行〔2006〕283号）第二条的有关规定执行。即正副市级650元；正副局长、巡视员580员，副巡视员530元；处长450元、调研员380元，副处长350元、副调研员300元；正科级200元，副科级150元；其他工作人员（含在编工勤人员）100元。

除上述以外的其他扣缴义务人，参照广东省地方税务局《转发国家税务总局关于执行〈企业会计制度〉需要明确的有关所得税问题的通知》（粤地税函〔2004〕547号）第四条的规定，企业单位高层管理人员（包括总经理、副总经理、总会计师以及在本单位受薪的董事会成员）在每人每月500元的标准额度内，其他人员在每人每月300元的标准额度内，凭发票在单位报销通讯费用的部分，准予在计征个人所得税前扣除。超过上述规定标准为职工报销的通讯费用以及发给职工的现金通讯补贴，应并入个人当月“工资、薪金”所得项目计征个人所得税。

另外，上述通讯费按月发放的，并入当月“工资、薪金”所得计征个人所得税；不按月发放的，分解到所属月份并与该月份“工资、薪金”所得合并后计征个人所得税。

九、江苏省关于个人取得通讯费补贴收入征收个人所得税问题的规定

现将《国家税务总局关于执行〈企业会计制度〉需要明确的有关所得税问题的通知》（国税发〔2003〕45号，以下简称《通知》）转发给你们，并补充如下意见，请遵照执行。

企业发给职工与取得应税收入有关的办公通讯费用，据真实、合法凭证据实扣除，以办公通讯费名义向职工发放的现金不得税前扣除。

十、山东省关于个人取得通讯费补贴收入征收个人所得税问题的规定

根据《关于公务通讯补贴个人所得税费用扣除问题的通知》（鲁地税函〔2005〕33号）相关规定：

1. 因公务通讯制度改革而发放给个人的公务通讯补贴，扣除一定标准的公务费用后，按照工资、薪金所得项目计征个人所得税。按月发放的，并入当月工资、薪金所得计征个人所得税；不按月发放的，分解到所属月份并与该月工资、薪金所得合并后计征个人所得税。

2. 行政单位按照各级人民政府或同级财政部门统一规定的标准，发放给个人的公务通讯补贴，每月不超过500元（含500元）的部分可在个人所得税前据实扣除，超过部分并入当月工资、薪金所得计征个人所得税。

3. 企事业单位自行制定标准发放给个人的公务通讯补贴，其中：法人代表、总经理每月不超过500元（含500元）、其他人员每月不超过300元（含300元）的部分，可在个人所得税前据实扣除。

超过部分并入当月工资、薪金所得计征个人所得税。

取得公务通讯补贴，同时又在单位报销相同性质通讯费用的，其取得的公务通讯补贴不得在个人所得税前扣除。

4．凡发放公务通讯补贴的单位，应将本单位发放标准及范围的文件或规定等材料报送主管税务机关备案。主管税务机关应加强对个人收入项目的管理，对于擅自改变工资构成，造成国家税款损失的，应按照《中华人民共和国税收征收管理法》及其实施细则的有关规定，进行处理。

5．本通知自2005年1月1日起执行。

十一、辽宁省关于个人取得通讯费补贴收入征收个人所得税问题的规定

根据国家税务总局的有关文件规定，结合我省国税系统企业所得税征管的实际情况，现就各地反映的企业所得税有关政策业务问题明确如下：

根据《国家税务总局关于执行〈企业会计制度〉需要明确的有关所得税问题的通知》（国税发〔2003〕45号）的有关规定，企业为其职工支付的、与生产经营有关的通讯费用，可按每人每月200元标准依据合法有效凭据在企业所得税前据实扣除。

十二、山西省关于个人取得通讯费补贴收入征收个人所得税问题的规定

关于山西省交通费及通讯费扣除标准问题根据山西省地方税务局转发国家税务总局关于个人所得税有关政策问题的通知（晋地税

〔1999〕27号）和国家税务总局关于个人所得税有关政策问题的通知（国税发〔1999〕58号）精神，个人取得的公务用车通讯补贴收入，计征个人所得税时允许扣除公务费用标准，由各地市地方税务局自行确定，并报省局备案，由省局请示省人民政府后批准后统一下发执行。在省局未统一标准前，请各单位按照各地市地方税务局规定，扣除允许扣除的费用标准后，按照工资薪金所得项目计征个人所得税。按月发放的，分解到所属月份并与该月工资薪金所得合并后计征个人所得税。

十三、大连市关于个人取得通讯费补贴收入征收个人所得税问题的规定

根据大连市地方税务局关于明确单位使用雇员个人车辆用于公务征收个人所得税等若干政策问题的通知大地税函〔2009〕26号相关规定，为了更好地贯彻执行《中华人民共和国个人所得税法》（以下简称个人所得税法）及其《实施条例》（以下简称条例），规范和加强个人所得税管理，根据个人所得税法、条例及相关规范性文件精神，现就若干具体问题明确如下，请遵照执行。

单位使用雇员个人车辆承担公务用车任务，通过租金和报销燃油费、车船税、保险费、停车费、保养费等与车辆使用有关的费用等各种形式向雇员支付公务费用补贴，雇员因此取得的各项收入和报销的费用，与其任职、受雇有关，应并入其工资薪金所得项目计征个人所得税。

单位能够提供个人车辆的雇员名单、岗位职责、车辆行驶执照复印件、雇员车辆及自有车辆的用途、月补贴额度、补贴发放及使

用管理办法等资料，其公务费用可以比照《大连市地方税务局关于个人因公务用车和通讯制度改革取得补贴收入征收个人所得税问题的通知》（大地税函〔2008〕251 号）文件规定进行税前扣除；否则，其“公务费用”一律不允许税前扣除。

单位没有实行公务用车改革或改革不符合大地税函〔2008〕251 号文件规定要求的，其以各种理由（包括使用雇员个人车辆做车体广告）、形式向雇员发放个人车辆的公务费用补贴或实报实销个人车辆的费用的行为，实质上均不属于雇员个人的经营行为，其取得的所得因与其任职、受雇有关，应全额并入雇员工资薪金所得项目计征个人所得税，税前一律不允许扣除任何“公务费用”。

十四、吉林关于个人取得通讯费补贴收入征收个人所得税问题的规定

吉地税发〔2009〕51 号文件规定：企业职工凭合法票据报销的通讯费用允许在企业所得税前据实扣除。

提示：根据原吉地税发〔2005〕118 号文件规定：企业领导（包括内部中层领导）凭合法票据报销的通讯费用允许在企业所得税前据实扣除；企业其他人员凭合法票据报销的通讯费用每人每月不超过 500 元的允许在企业所得税前据实扣除，超过 500 元的部分不得在税前扣除。该文件不再执行。2012 年度企业所得税汇算清缴时，对于职工凭合法票据报销的通讯费用，允许企业据实在税前扣除。

各地的扣除标准及扣除方式各不相同，由各省级地方税务局根据纳税人公务费用的实际发生情况调查测算，报经省级人民政府批准后确定，并报国家税务总局备案。

公司在支付个人的通讯及交通补贴时，要扣除一定标准的公务费用后，按照“工资、薪金”所得项目计征个人所得税。

这里的“扣除一定标准的公务费用”一般都是由各地税务机关以文件形式加以规范，如：吉林省地方税务局《关于个人取得的公车改革补贴收入征收个人所得税问题的通知》（吉地税发〔2007〕69号）第三条规定，个人从本单位取得的符合前两项规定条件的公务用车制度改革补贴收入（以下简称补贴收入），公务费用扣除标准为：长春、吉林市暂定每人每月2 500元、其他市（州）暂定2 000元、县（市）暂定1 500元。补贴收入低于上述扣除标准的，在计征个人所得税前予以扣除；超过扣除标准的，就超出部分并入当月工资收入征收个人所得税。

如果贵公司所在地税务机关目前没有相关的规定，我们认为，员工取得的“车补”，应按国税函〔2006〕245号——现金、报销等形式向职工个人支付的收入，均应视为个人取得公务用车补贴收入，按照“工资、薪金所得”项目计征个人所得税。建议就扣除标准问题再行咨询主管税务机关为妥。

十五、四川关于个人取得通讯费补贴收入征收个人所得税问题的规定

近年来，某些企业和机关单位对公务用车和通讯进行改革，根据职务不同，按一定的标准用现金给予补助。根据国家税务总局有关规定，对个人因为该项改革而取得的公务用车、通讯补贴收入，扣除一定标准的公务费用后，按“工资、薪金所得”项目计征个人所得税；不按月发放的，分解到所属月份并与该月份“工资、薪金

所得”合并后计征个人所得税。公务费用扣除标准，由各省级人民政府确定。

省地税局所得税处有关负责人称，目前四川省暂未制定扣除标准，因此暂不作扣除。而根据国家税务总局近日出台的文件规定，当地政府未制定公务费扣除标准的，按交通补贴全额的30%、通讯补贴全额的20%作为个人收入扣缴个税。

四川省原规定：

根据《国家税务总局关于执行〈企业会计制度〉需要明确的有关所得税问题的通知》（国税发〔2003〕45号）规定，结合我省实际，现将有关问题明确如下，请遵照执行。

1．企业发给无房职工和停止实物分房后参加工作的新职工的住房补贴金，在省政府规定标准下达前，可暂按每人每月400元在税前扣除；省政府确定标准后，统一按省政府规定的比例或金额执行。

2．企业发给职工与取得应纳税收入有关的办公通讯费用，每人每月100元以内可据实在税前扣除。

3．本通知自2003年1月1日起执行。

十六、河南关于个人取得通讯费补贴收入征收个人所得税问题的规定

河南省国家税务局河南省地方税务局关于转发《国家税务总局关于执行〈企业会计制度〉需要明确的有关所得税问题的通知》的通知》（豫国税发〔2003〕185号）第二条规定：“企业发给职工与取得应纳税收入相关的办公通讯费用，凡符合下列条件的，暂允许在所得税前扣除。

1．允许税前扣除通讯费用的职工是指其工作业务与企业经营管理有直接关系的职工，其通讯费用是办公业务必需的；

2．职工税前扣除的通讯费用不超过每人每月 200 元，且有真实的通讯费用发票；对职工的通讯费用凡超过上述规定标准的，必须依法进行纳税调整。

以上规定中税前扣除的通讯费是以员工的数量和费用的总量来计算的。无论是单位的还是个人的，也不论每个人的费用是否超过 200 元，只要总量不超过即可。

十七、海南关于个人取得通讯费补贴收入征收个人所得税问题的规定

琼国税发〔2003〕188 号转发国家税务总局关于执行企业会计制度需要明确的有关所得税问题的通知：企业为取得应纳税收入而发给职工有关的办公通讯费用在 100 元以下（含 100 元）的可以据实列支，但对已实行实报实销办公通讯费用的职工除外。

琼财税〔2004〕780 号关于省直机关通讯费补贴标准调整后如何计征个人所得税的通知：根据《国家税务总局关于个人所得税有关政策问题的通知》（国税发〔1999〕58 号）的有关规定，并经省政府批准，现将省直机关通讯费补贴标准调整后，有关计征个人所得税的问题通知如下：

1．对省直党政机关和参照公务员管理的事业单位在编在岗的工作人员按照《海南省省机关通讯费补贴管理办法》（琼财预〔2004〕547 号）取得的通讯费补贴收入（含特殊岗位工作人员每月增加的 100 元至 250 元通讯费补贴收入），在计征个人得税时，予以全额扣除。

2．市县党政机关和参照公务员管理的事业单位在编在岗的工作人员计征个人所得税时，对不高于省直机关标准的通讯费补贴也予以全额扣除。

十八、福建关于个人取得通讯费补贴收入征收个人所得税问题的规定

转发《国家税务总局关于个人所得税有关政策问题的通知》的通知（闽地税政二〔1999〕38号）：关于个人取得的公务交通、通讯补贴收入征税问题，除按我省通讯工具改革的有关规定配发并在规定额度内按实报支话费外，各地区各单位发放的代金或自行确定的其他通信补贴应并入个人工薪收入计征个人所得税。公务交通补贴扣除问题待我省改革措施出台后另行规定。

十九、安徽省地方税务局关于明确个人所得税若干政策问题的通知皖地税〔2004〕347号

1．关于个人取得交通补贴收入征税问题

职工个人按规定从单位取得的交通补贴，在并入工资、薪金所得应税项目计征个人所得税时，按每月100元的标准给予税前扣除；补贴收入不足100元的，按实际取得的补贴收入给予税前扣除。

2．关于个人取得通讯补贴收入征税问题

职工个人按规定从单位取得的通讯补贴，在并入工资、薪金所得应税项目计征个人所得税时，按每月300元的标准给予税前扣除；补贴收入不足300元的，按实际取得的补贴收入给予税前扣除。职

工个人在单位报销通讯费用的，在计征个人所得税时，不得再扣除任何通讯费用。

本规定从2004年10月1日起执行。此前规定凡与本规定不符的，按本规定执行。

二十、西藏关于个人取得公务用车补贴和通讯费补贴征收个人所得税有关问题的通知藏国税发〔2006〕83号

为体现个人所得税调节高收入和税收公平原则，根据近年来全区实际发放公务用车补贴和通讯费情况，现将公务费用扣除标准制定如下：公务用车补贴每人每月600元，通讯费补贴每人每月400元。

二十一、内蒙古自治区地方税务局关于明确通讯补贴收入征免个人所得税问题的通知内地税字〔2007〕355号

按照《国家税务总局关于个人所得税有关政策问题的通知》（国税发〔1999〕58号）的规定，经自治区政府同意，现对我区通讯补贴收入如何征收个人所得税问题明确如下：

1. 各行政机关、事业单位和人民团体因通讯制度改革而按《内蒙古自治区直属机关公务移动通讯费用管理办法》（厅发〔2004〕38号）规定的具体标准及按各盟市盟市委、行政公署、市政府参照自治区上述文件制定的公务通讯费用标准而实际发放或报销的通讯补贴收入，作为公务费用据实扣除，免予征收个人所得税。

以上单位按照《中共内蒙古自治区委员会办公厅内蒙古自治区人大常委会办公厅内蒙古自治区人民政府办公厅政协内蒙古自治区委员会办公厅内蒙古自治区财政厅关于内蒙古自治区直属行政事业单位公费住宅电话管理办法》（厅发〔1995〕64号）规定的具体标准及按各盟市盟市委、行政公署、市政府参照自治区上述文件制定的住宅电话费标准而实际发放或报销的住宅电话费，免予征收个人所得税。

2．2004年以后按照自治区财政厅口头通知，对各部门每人每月实际发放的150元通讯补贴，在征收个人所得税时可作为公务费用扣除。

3．企业因通讯制度改革而实际发放或报销的通讯补贴收入，每人每月在200元以内的，作为公务费用据实扣除，免予征收个人所得税。企业实际发放或报销的住宅电话费用，每人每月50元以内的，免予征收个人所得税。

本通知自2007年11月1日起执行。此前因未执行本标准已征的税款不再退还，未征税款不再补征。

二十二、黑龙江省地方税务局关于个人取得公务交通、通讯费补贴有关公务费用个人所得税扣除标准的通知黑地税函〔2006〕11号

根据国家税务总局《关于个人所得税有关政策问题的通知》（国税发〔1999〕58号）规定，个人因公务用车和通讯制度改革而取得的公务用车、通讯补贴收入，扣除一定标准的公务费用后，按照“工资、薪金”所得项目计征个人所得税。经省政府同意，现将我省个人取得公务交通、通讯费补贴有关公务费用个人所得税扣除标准通知如下：

1．实行公务用车改革的党政机关和企事业单位交通费用补贴每

人每月扣除1000元，超出部分计征个人所得税。其他形式的交通费补贴一律计征个人所得税。

2. 党政机关干部住宅电话和移动电话补贴，扣除按照《中共黑龙江省委、黑龙江省人民政府办公厅关于印发〈黑龙江省党政机关公务住宅电话暂行管理办法〉和〈黑龙江省移动电话暂行管理办法〉的通知》（厅字〔1999〕6号）和参照《中央和国家机关公务移动通讯费用补贴管理办法》规定标准发放的通讯费补贴额，超出部分计征个人所得税。

3. 保留行政级别的企事业单位，其领导班子成员及特殊岗位人员住宅电话和移动电话补贴，扣除参照党政机关干部的相关规定标准发放的通讯费补贴额，超出部分计征个人所得税；没有行政级别的企事业单位，其领导班子成员住宅电话和移动电话补贴两项合计每人每月扣除400元，超出部分计征个人所得税；特殊岗位人员两项合计每人每月最高扣除300元，超出部分计征个人所得税。

4. 本通知从2006年1月1日起执行。

二十三：《广西壮族自治区地方税务局转发国家税务总局关于个人所得税有关政策问题的通知》（桂地税发〔1999〕226号）

1. 凡通讯补贴不发给个人，实行限额内实报实销，超支自付办法的，通讯补贴免征个人所得税。

2. 凡通讯补贴发给个人，实行包干使用的办法，通讯补贴可扣除规定限额后，并入工资薪金所得计征个人所得税。

3. 通讯费限额标准按照桂办发〔1998〕52号文件规定标准掌握。

8.3　离退休人员返聘如何正确进行纳税

现在，很多离退休人员离退休之后，特别是有一技之长的离退休人员往往被返聘到单位上班、或外出兼职，还有些离退休人员自己创业、对外进行投资等，离退休人员由此取得的收入也就不断增加，退休人员的纳税问题也就引起了社会的关注。根据税法规定，离退休人员的工资收入可免征个人所得税，但退休人员取得的除退休工资之外的收入则应根据不同情况需要缴纳个人所得税。关于离退休人员的工资薪酬福利问题，具体来说，需注意以下六种情况。

一、退休工资、离休工资、离休生活补助费免税

《中华人民共和国个人所得税法》第四条第七款规定：按照国家统一规定发给干部、职工的安家费、退职费、退休工资、离休工资、离休生活补助费免征个人所得税。

二、离退休人员从原任职单位取得离退休工资或养老金以外的各类补贴应按工薪所得缴纳个人所得税

《国家税务总局关于离退休人员取得单位发放离退休工资以外奖金补贴征收个人所得税的批复》（国税函〔2008〕723号）规定：离退休人员除按规定领取离退休工资或养老金外，另从原任职单位取得的各类补贴、奖金、实物，不属于《中华人民共和国个人所得税法》第四条规定可以免税的退休工资、离休工资、离休生活补助费。根据《中华人民共和国个人所得税法》及其实施条例的有关规定，离退休人员从原任职单位取得的各类补贴、奖金、实物，应在减除费用扣除标准后，按"工资、薪金所得"应税项目缴纳个人所得税。

三、退休人员再任职取得的收入应缴个人所得税

《国家税务总局关于个人兼职和退休人员再任职取得收入如何计算征收个人所得税问题的批复》（国税函〔2005〕382号）规定，个人兼职取得的收入应按照"劳务报酬所得"应税项目缴纳个人所得税；退休人员再任职取得的收入，在减除按个人所得税法规定的费用扣除标准后，按"工资、薪金所得"应税项目缴纳个人所得税。

《国家税务总局关于个人所得税有关问题的公告》（国家税务总局公告2011年第27号）规定，国税函〔2006〕526号第三条中，单位是否为离退休人员缴纳社会保险费，不再作为离退休人员再任职的界定条件。

四、延长离退休年龄的高级专家从所在单位取得的工资、补贴等视同离退休工资免税

《财政部国家税务总局关于高级专家延长离休退休期间取得工资薪金所得有关个人所得税问题的通知》（财税〔2008〕7号）规定：延长离休退休年龄的高级专家是指享受国家发放的政府特殊津贴的专家、学者和中国科学院、中国工程院院士。延长离休退休年龄的高级专家按下列规定征免个人所得税：

1. 对高级专家从其劳动人事关系所在单位取得的，单位按国家有关规定向职工统一发放的工资、薪金、奖金、津贴、补贴等收入，视同离休、退休工资，免征个人所得税；

2. 除上述1项所述收入以外各种名目的津补贴收入等，以及高级专家从其劳动人事关系所在单位之外的其他地方取得的培训费、讲课费、顾问费、稿酬等各种收入，依法计征个人所得税。

五、个人提前退休取得的一次性补贴收入按工资所得计税

《国家税务总局关于个人提前退休取得补贴收入个人所得税问题的公告》（国家税务总局公告2011年第6号）规定：个人提前退休补贴按下列规定计算缴纳个人所得税。

1. 机关、企事业单位对未达到法定退休年龄、正式办理提前退休手续的个人，按照统一标准向提前退休工作人员支付一次性补贴，不属于免税的离退休工资收入，应按照“工资、薪金所得”项目征收个人所得税。

2. 个人因办理提前退休手续而取得的一次性补贴收入，应按照

办理提前退休手续至法定退休年龄之间所属月份平均分摊计算个人所得税。计税公式：

应纳税额＝{[（一次性补贴收入 ÷ 办理提前退休手续至法定退休年龄的实际月份数）－费用扣除标准]× 适用税率－速算扣除数}× 提前办理退休手续至法定退休年龄的实际月份数。

六、离退休人员的其他应税所得应依法缴个税

根据个人所得税法的规定，离退休人员取得的个体户生产经营所得、对企事业单位的承包经营承租经营所得、劳务报酬所得、稿酬所得、财产租赁所得、财产转让所得、利息股息红利所得、偶然所得以及其他所得均应依法缴纳个人所得税。

8.4　正确理解和运用职业年金的纳税政策

另外一个重要的话题，就是当下比较流行的职业年金问题。国家税务总局在2013年颁布了财税〔2013〕103号文《财政部、人力资源社会保障部和国家税务总局关于企业年金、职业年金个人所得税有关问题的通知》。103号规定对年金的老政策做了新的规定，政策与旧规定相比，其核心变化为：将符合条件年金的纳税义务发生时间从缴付环节递延到支付环节。

103号文规定，从2014年1月1日开始对企业年金、职业年金施行新的个人所得税计税办法。同时废止《国家税务总局关于企业年金个人所得税征收管理有关问题的通知》（国税函〔2009〕694号）、《国家税务总局关于企业年金个人所得税有关问题补充规定的公告》（国家税务总局公告2011年第9号）。结合《企业年金试行办法》（原劳动和社会保障部令第20号）、《事业单位职业年金试行办法》（国办发〔2011〕37号），对新政作如下分析。

新规定主要就年金（包括企业年金和职业年金）运行的三个环节（缴付、基金运作分红和领取）中的涉税问题作了规定。

（一）年金缴付的个税处理

1．单位缴付部分，在计入个人账户时，在以下标准内，暂不缴纳个人所得税：

（1）企业年金：根据《企业年金试行办法》，企业缴费每年不超过本企业上年度职工工资总额的1/12，在此基础上按照企业年金方案规定比例计算的数额计入个人账户部分；

（2）职业年金：根据《事业单位职业年金试行办法》，单位缴纳比例最高不超过本单位上年度缴费工资基数（岗位工资和薪级工资之和）的8%，在此基础上按照职业年金方案规定比例计算的数额计入个人账户部分。

超过上述标准缴付的单位缴费部分，应并入个人当期的工资、薪金所得，由发放单位代扣代缴个人所得税。

2．个人缴付部分，在不超过本人缴费工资计税基数的4%标准内的部分，暂从个人当期的应纳税所得额中扣除。超过规定限额标准缴付的年金个人缴费部分，不得从当期的应纳税所得额扣除，依法计征个人所得税。本人缴费工资计税基数区别以下情况确定：

（1）企业年金：本人上一年度月平均工资

（2）职业年金：职工岗位工资＋薪级工资

本人缴费工资计税基数不得超过职工工作地所在地区城市上一年度职工月平均工资的300%。

（二）年金基金运作分红的个税处理

年金基金投资运营收益分配计入个人账户时，个人暂不缴纳个人所得税。

（三）年金领取的个税处理

基本原则：退休后按月领取的年金，全额按照“工资、薪金所得”项目适用的税率计征个人所得税；按季或者按年领取的年金，平均分摊计入各月，每月领取额全额按照“工资、薪金所得”项目适用的税率计征个人所得税。

按照缴付年金的时间不同，可以分为以下两种情况：

1. 年金自2014年1月1日以后开始缴付：个人所得税计算按照上述基本原则执行。

2. 年金在2014年1月1日之前开始缴付，在2014年1月1日以后领取的，允许其从领取的年金中减除在新规定实施前缴付的年金单位缴费和个人缴费且已经缴纳个人所得税的部分，其余额按照基本原则征税。

基本公式：应纳税所得额＝领取的年金×（1-2014年1月1日前缴付的年金缴付金额/全部缴费金额）

一次性领取的，以下2种情况允许将一次性领取的年金个人账户资金或余额按12个月分摊到各月，就其每月分摊额，计征个人所得税。

（1）个人因出境定居而一次性领取的年金个人账户资金，

（2）个人死亡后其指定的受益人或法定继承人一次性领取的年金个人账户余额，

除上述情况外，不允许分摊，而是按其一次性领取的总额，单独作为一个月的工资薪金所得计征个人所得税。

第九章

企业转型的新困惑：资本交易时税收的风险与红利

——左手资本，右手事业，已是经济新常态，操作不好可能让你企业进入“新病态”。

——资本交易税收有优惠，理解政策和准确操作才是最好的方法。

——有债就要还，企业注销清算就是对你税收的总清算。

9.1　个人股权转让的纳税政策延续及理解

2014年年末，资本交易税收三“弹”齐发，形成一波强劲的政策冲击波；左手资本，右手事业，已是经济“新常态”，《股权转让个人所得税管理办法》（国家税务总局公告2014年第67号公告，以下简称67号公告）、《关于促进企业重组有关企业所得税处理问题的通知》（财税〔2014〕109号）、《关于非货币性资产投资企业所得税政策问题的通知》（财税〔2014〕116号），三个文件实则有“关联相通”之处，但是运作风险也是相当大。

一、股权转让个人所得税政策沿革

（一）国税函〔2009〕285号文件（已被67号公告替代并作废）

《国家税务总局关于加强股权转让所得征收个人所得税管理的通知》（国税函〔2009〕285号文件，以下简称285号文件）首开股权转让个人所得税反避税之先河，该文件有三项重要内容，一是计税依据明显偏低并无正当理由的，按照转让方占被投资企业净资产份额确认计税依据；二是明确股权转让个人所得税的纳税地点为被投资企业所在地；三是规定了办理个人所得税完税或免税、不征税证明为股权工商变更的前置程序；

存在的问题，一是计税依据明显偏低并无正当理由，缺乏明细规定；二是一律以净资产账面价值核定股权转让价格，对于一些高增值资产如土地、不动产等，不尽合理。

（二）国家税务总局2010年第27号公告（已被67号公告替代并作废）

《关于股权转让所得个人所得税计税依据核定问题的公告》（国家税务总局2010年第27号公告，以下简称27号公告）是国税函〔2009〕285号文件的“升级版”，该文件对计税依据明显偏低并无正当理由做了明细解释，规定五种情况属于计税依据明显偏低，四种情形属于有正当理由，并规定如果土地、不动产等六类资产合计占资产总额50%以上的，按照净资产评估价格核定计税依据。

应当说27号公告是一个解决实际问题的优秀规范性文件，但是该文件的缺陷在于：

其一，该文件只是对股权转让个人所得税核定计税依据进行了规范，未形成完整的股权转让个人所得税政策体系，如纳税人、扣缴义务人、被投资企业的权利与义务，备案资料程序等未做明确规定，政策略有凌乱之感。

其二，该文件的第四条规定，纳税人再次转让所受让股权的，股权转让的成本为前次转让的交易价格及买方负担的相关税费。如果前次交易价格为100万元，而核定计税依据为1 000万元，如果按照100万元作为再次转让的成本，显然造成了重复纳税，不符合双向调整的原则。

其三，对土地、房屋等六类资产占总资产50%以上的，方才采取净资产评估价值核定法，50%的比例定的偏低，造成反避税力度不够。

（三）国家税务总局 2011 年第 41 号公告

《关于个人终止投资经营收回款项征收个人所得税问题的公告》（国家税务总局 2011 年第 41 号公告，以下简称 41 号公告）主要解决了三个问题：一是借鉴流转税的“价外费用”，股权转让收入规定全口径收入，既包括股权转让款，也包括赔偿金、违约金等价外收入；二是对不构成公司的非股权权益转让，比照股权转让处理；三是对撤资、减资明确比照股权转让处理。

上述三个文件构成了股权转让个人所得税主要政策体系。

（四）其他文件

1. 国税函〔2005〕130 号文件

《关于纳税人收回转让的股权征收个人所得税问题的批复》（国税函〔2005〕130 号）文件明确，股权转让合同履行完毕、股权已作变更登记，双方协议解除原股权转让合同的，是另外一次股权转让行为，原缴纳个人所得税不予退回；股权转让合同未履行完毕，执行仲裁委员会作出的解除股权转让合同，并原价收回股权的，从行政行为合理性原则出发，不应缴纳个人所得税。

2. 国税函〔2006〕866 号文件

该文件明确，股权成功转让后，转让方个人因受让方个人未按规定期限支付价款而取得的违约金收入，应并入股权转让所得缴纳个人所得税。实际上该文件的精神已经被 2011 年第 41 号公告所代替。

3. 国税函〔2005〕319号文件（被总局2011年第2号公告第522项废止）

《关于非货币性资产评估增值暂不征收个人所得税的批复》（国税函〔2005〕319号文件）是国税总局对福建省地税局的批复，规定个人以非货币性资产对外投资，暂不征收个人所得税，未来转让时其计税基础按照投资资产的原计税基础确认。由于股权也属于非货币性资产，该文件被认为也适用于以股权进行投资的行为，因此在2011年以前，以股权进行投资不征收个人所得税。

《关于公布全文失效废止部分条款失效废止的规范性文件目录的通知》（国家税务总局公告2011年第2号）的第522项目对319号文件明示废止，从此以后，一般认为按照《个人所得税法实施条例》第10条的基本精神，个人所得的形式，包括现金、实物、有价证券和其他形式的经济利益。因此，以非货币性资产对外投资自此应该征收个人所得税。

4. 国税函〔2011〕89号文件

《关于个人以股权参与上市公司定向增发征收个人所得税问题的批复》（国税函〔2011〕89号文件）是国税总局对江苏省地税局的批复，确认苏宁环球公司的自然人股东以其持有的浦东建设公司股权参与苏宁环球定向增发的行为，属于股权转让行为，应该征收个人所得税。该文件披露后，在业界一度引起了巨大轰动，但该文件仅属于不予公开的内部批复，不能作为正式执法依据，时隔数年，67号公告将此文件精神正式纳入。

9.2 如何正确理解与运用个人股权转让的政策

《股权转让个人所得税管理办法》（国家税务总局2014年第67号公告以下简称“67号公告”）的正式实施将对个人股权转让业务起到规范性的管理，只有正确理解文件的内在含义和精神，才能不会发生纳税风险。下面将和大家详细对文件作一下解读，清楚如何运用该文件。

一、两个基本原则：公平交易原则和不重复征税原则

（一）股权转让收入的确定原则

1. 公平交易原则

67号公告第十条旗帜鲜明的提出了股权转让收入应当按照公平交易原则确定。公平原则是民法的一项基本原则，《中华人民共和国合同法》第五条规定：当事人应当遵循公平原则确定各方的权利和义务。而公平交易原则，更多的是在转让定价中提到，是指独立交易的纳税人在股权转让中，应当确认的股权转让价格。在公平交易原则的指引下，67号公告第十四条规定了三种核定股权转让收入的方法，三种方法应依次按顺序适用：

第一种：净资产核定法。

净资产核定法是三种核定方法中最重要的方法，分为两种情形：

一是土地、房屋、房地产企业的未销售房产、探矿权、采矿权、知识产权、股权7类资产如果占企业总资产20%以下的，按照被投资企业账面净资产价值确认股权转让收入；

二是占企业总资产20%以上的，按照被投资企业净资产评估价值确认股权转让收入，6个月内再次发生股权转让且被投资企业净资产未发生重大变化的，主管税务机关可参照上一次股权转让时被投资企业的资产评估报告核定此次股权转让收入。

实践中要注意以下三个方面：

（1）20%的比例如何计算问题

关于20%的比例计算，一种观点认为是按照公允价值的20%作为界限；另一种观点认为按照账面价值的20%作为界限，该争议在27公告中就一直存在，比较遗憾的是67号公告也未明确此问题。虽然67号公告未明确该问题，但这里的比例应当按照账面价值的20%计算，因为只有经过评估后，方才知道公允价值，如果按照公允价值的20%比例作为界限，就意味着要求所有的被转让企业都要进行评估，这显然不是67号公告的立法目的所在。

（2）由企业进行评估还是税务中机关进行评估问题

67号文件第十四条规定，主管税务机关参照纳税人提供的具有法定资质的中介机构出具的资产评估报告核定股权转让收入，因此一般来说净资产评估应当由企业进行。但是有两种情况，应当由税务机关进行评估，一是属于67号公告应当核定股权收入情形，但企业拒绝进行评估的，税务机关无权强迫企业进行评估，应当按照67号公告第二十九条，通过政府购买服务的方式，引入中介机构参与股权转让过程中相关资产的评估工作；二是税务机关认为企业的评估报告明显不合法，经法定机构予以撤销的，可以另行聘请评估机构进行评估。

值得注意的是，不同的评估方法得出来的结果不尽相同，这是客观事实，只要企业提供的评估报告合法有效，税务机关不宜对此不认可，而采取另行指定评估机构评估的方法。

（3）企业为股权转让进行的评估费用是否可以扣除

67 号公告第四条规定，个人转让股权，以股权转让收入减除股权原值和合理费用后的余额为应纳税所得额，按“财产转让所得”缴纳个人所得税。合理费用是指股权转让时按照规定支付的有关税费。

那么评估费用是否属于这里的合理费用呢？67 号公告并未明确列举，我们认为参照土地增值税评估费用的处理，这里的评估费用应当属于合理费用。此前江西等省份的规定，列举了评估费属于可以扣除的合理费用，而 67 号公告未对合理费用进行明确列举。

第二种：类比法。

一是参照相同或类似条件下同一企业同一股东或其他股东股权转让收入核定；二是参照相同或类似条件下同类行业企业股权转让收入核定。上述两种方法在运用时，应当注意只有在相同或类似条件下，方能类比。在类比法的运用方面，和大家分享一个案例。

假如某股东占公司 1% 股份，大股东为了巩固控制权高溢价收购了该股东 1% 的股份，如果时隔不久，大股东决定将自己持有的 51% 股权转让，此时就不宜运用类比法，因为双方持股比例悬殊，且一个股东是财务投资者，另一个股东出让的是公司控制权，条件既不相同也不类似。或许大股东出让价格高出了 1% 股份的 51 倍，因为这代表了控股权，或许转让价格低于 1% 股份价格的 51 倍，因为股权数量明显悬殊，但是无论如何运用类比法不尽合理。

第三种：其他合理方法。

请注意，三种核定方法的运用是有顺序的，只有当前两种方法都无法适用时，才能采取第三种方法。

在其他合理方法的运用方面，和大家分享一个案例。

假如刘某以 1 000 万元现金入股 M 公司，占 20% 的股权比例。入股协议约定，刘某入股期限 1 年，到期必须将股权平价转让给控股股东王某。刘某入股期间公司未分配股息红利。

刘某到期以平价转让股权给王某时，属于 67 号公告的计税依据明显偏低并无正当理由，应当核定股权转让收入。但是，由于刘某入股事项显然属于“假股权真债权”，如果一味地按照净资产核定法，不符合实际情况，此时主管税务机关可以视情况，按照同期银行存款利率或者贷款利率的合理方法来核定股权转让收入。

总之，在核定方法的选择上，一定不能太过机械，坚守公平交易原则，这才是股权转让收入核定方法选用的总指导方针。

（二）股权原值的确定原则：不重复征税原则

67 号公告第十五条在列举了四种常见情形股权原值的确认规则后，在该条的第五款，明确提出“除以上情形外，由主管税务机关按照避免重复征收个人所得税的原则合理确认股权原值”。而该条第四款规定“被投资企业以资本公积、盈余公积、未分配利润转增股本，个人股东已依法缴纳个人所得税的，以转增额和相关税费之和确认其新转增股本的股权原值”；第十六条规定：“股权转让人已被主管税务机关核定股权转让收入并依法征收个人所得税的，该股权受让人的股权原值以取得股权时发生的合理税费与股权转让人被主管税务机关核定的股权转让收入之和确认。”上述其实都在践行一个原则：不重复征税的原则。

举例说明，假如刘某持有M公司100%的股份，持股成本1 000万元，2015年6月，刘某将股权平价转让给了王某。税务机关按照净资产核定法，核定股权转让收入为3 000万元，王某按照税务机关核定的收入代扣代缴了个人所得税400万元（相关税费略）。2015年10月，王某再次转让股权，转让价格3 100万元，税务机关认为价格合理。

第一种处理意见：根据27号公告第四条的表述，再次转让时，按照前次交易价格作为股权原值，因此第二次股权转让所得为3 100万元减去1 000万元，应纳税所得额为2 100万元。我们会发现2 000万元部分征收了两次个人所得税，不符合双向调整的原则，造成重复纳税。

第二种处理意见：按照27号公告第十六条的规定，转让时其股权原值为3 000万元，因此股权转让所得为3 100万元减去3 000万元。这种处理方式，符合双向调整原则，避免了重复纳税。

按照67号公告，应当按照第二种处理意见进行税务处理。

关于将盈余积累转增资本后股权原值的确认方面的问题，我们通过案例来说明。假如刘某持有M公司100%股权，2015年6月，刘某将M公司100%股权以3 500万元的价格转让给王某。转让时，投资成本1 000万元，被投资企业M公司的未分配利润2 000万元，盈余公积500万元，资本公积－其他资本公积500万元。被投资企业M公司净资产账面价值合计为4 000万元。假设税务机关认为该项转让属于计税价格明显偏低但有正当理由，对转让价格予以认可。

该笔交易王某按照规定扣缴了个人所得税 500 万元。

2015 年 10 月，王某决定将 2 000 万元的未分配利润、500 万元的资本公积－其他资本公积、250 万元的盈余公积共 2 750 万元转增注册资本。转增注册资本后，M 公司的注册资本为 3 750 万元。根据《关于个人投资者收购企业股权后将原盈余积累转增股本个人所得税问题的公告》（国家税务总局 2013 年第 23 号公告，以下简称 23 号公告）规定，王某对已经纳入上次股权转让所得的 2 500 万元做免税处理，对剩余的 250 万元缴纳个人所得税 50 万元。

2015 年 12 月，王某将 M 公司 100% 股权转让给王先生，股权转让价格 4 000 万元。

第一种处理意见：

根据 23 号公告规定，新股东将所持股权转让时，其财产原值为其收购企业股权实际支付的对价及相关税费。因此，王某 2015 年 12 月股权转让原值应为前次交易价格 3 500 万元。王某个人所得税应纳税所得额为 500 万元（4 000 万减去 3 500 万元），应该缴纳个人所得税 100 万元。

第二种处理意见：

根据 67 号公告第十五条规定，由于被投资企业盈余积累 2 750 万元转增资本，其中 2 500 万元免税，250 万元部分已经缴纳了个人所得税，依据税不重征的原则，应当确认股权原值为购买股权的价格 3 500 万元加上 250 万元，即：3 750 万元。王某个人所得税应纳税所得额为 250 万元（4 000 万减去 3 750 万），应该缴纳个人所得税 50 万元。

按照 67 号公告，应当按照第二种处理意见进行税务处理。

二、多次投资情况下股权原值的确认问题

在多次投资情况下，股权原值的确认方法，在 67 号公告第十八条明确规定：对个人多次取得同一被投资企业股权的，转让部分股权时，采用“加权平均法”确定其股权原值。

假如刘某 2012 年以 100 万元现金投资到 M 公司占 M 公司 10% 的股份；2013 年又以 200 万元现金投资到 M 公司取得 M 公司 10% 股份；2014 年刘某以 300 万元现金继续对 M 公司增资，又取得了 10% 股份，至此刘某持有 M 公司共 30% 的股份。2015 年刘某将持有的 M 公司 10% 股份进行了转让，转让价格为 400 万元。

我们来分析一下，根据 67 号公告第 18 条规定，应按加权平均法确认刘某转让的 M 公司 10% 股权原值。

股权原值 =[（100+200+300）]÷30%×10%=200（万元）

应纳税所得额 =400-200=200（万元）

个人所得税应纳税额 =200×20%=40（万元）

三、计税依据明显偏低并无正当理由的理解问题

67 号公告第十一条规定四种情形，主管税务机关可以核定股权转让收入：一是计税依据明显偏低，并无正当理由；二是未按照规定期限办理纳税申报，经税务机关责令限期申报，逾期仍不申报的；三是转让方无法提供或拒不提供股权转让收入的有关资料；四是兜底条款：其他应核定股权转让收入的情形。

上述四种情形中，计税依据明显偏低并无正当理由，是 67 号公告浓墨重彩着力表现的条款，共列举了六种计税依据明显偏低、四

类属于正当理由的情形，现对其部分问题分析如下：

第一种情况是因国家政策原因低价转让股权属于合理理由。假如刘某持有 M 公司 100% 股权，M 公司是一家坐落在山西省，生产钢材、线材的小型钢铁企业，因该省环境污染严重，省政府决定将采取限产、对小钢厂关停等措施，并下发了相关文件。刘某持有的 M 公司不幸属于关停之列，因此刘某面临着将钢厂转让，被大钢厂兼并重组，甚至关停清算的命运。经过多方运作，刘某将 M 公司 100% 股权转让给大型国企 A 公司，转让价格低于 M 公司净资产价格。

我们来做一下分析，在本案例中，刘某可以出具有效文件，证明 M 公司因国家政策调整，生产经营受到重大影响，导致低价转让股权，虽然计税依据明显偏低，但是有正当理由，不需要核定股权转让收入。

第二种情况是直系亲属之间低价转让股权也视为有正当理由。假如刘某持有 M 公司 100% 股权，M 公司净资产价值为 1 亿元，投资成本为 2 000 万元，由于刘某年事已高，且膝下无子女，因此 2015 年决定将自己的股权以 1 元钱的名义价格，全部转让给承担赡养义务的养子王先生。王先生取得 M 公司 100% 股权后，2016 年 1 月，以 2 亿元的价格又将股权转让给王某。

我们做如下分析，67 号公告规定了继承或将股权转让给其能提供具有法律效力身份关系证明的配偶、父母、子女、祖父母、外祖父母、孙子女、外孙子女、兄弟姐妹及对转让人承担直接抚养或者赡养义务的抚养人或者赡养人，如果股权转让价格明显偏低，视为有正当理由，无需核定股权转让收入。67 号公告在继承 27 号公告确定的亲属之间低价股权转让视为有正当理由的原则外，又加入了承担直接抚养或者赡养义务的抚养人或者赡养人。

收养关系属于法律拟制的亲属关系，根据《收养法》规定，养子与亲生子女具有同样的权利与义务，因此如果刘某和王先生能够提供具有法律效力身份关系证明，税务机关则允许按照1元转让股权不必核定股权转让收入，从而缴纳个人所得税。

2016年1月，王先生再次转让股权时，根据67号公告第十五条规定，依据税不重征的原则，股权原值应为刘某的投资成本2 000万元，因此王先生应当确认股权转让所得1.8亿元（2亿元减去2 000万元），并由王某扣缴个人所得税3 600万元。

请大家注意，转让股权给亲属100%控制的公司一般来说不属于具有合理理由。假如刘某将持有M公司100%股权，投资成本为1 000万元，净资产价值为1亿元，2015年6月，刘某决定将M公司的100%股权以1 000万元平价转让给A公司，A公司系刘某亲弟弟的全资子公司。

我们做如下分析，刘某平价转让股权的属于计税价格明显偏低，是否有正当理由呢？我们采取排除法对67号公告列举的四种正当理由，逐一分析。

第一，刘某平价转让股权不属于国家政策原因调整；

第二，刘某平价转让股权不属于转让给直系亲属的情形，虽然被转让企业为刘某亲弟弟100%拥有的公司，但是这种情形未被67号公告正式列举；

第三，刘某平价转让股权更不属于职工内部转让股权；

第四，是否属于“股权转让双方能够提供有效证据证明其合理性的其他合理情形”呢？一般说来，大部分税务机关可能不会对此予以认可。

如果是职工内部转让股权在税务上又怎么处理呢？假如刘某是M股份公司（一家采矿权占资产20%以上的非上市公司）实际控制人，持有M公司80%的股权，为了对员工进行长期激励，2015年1月，刘某决定以每股10元的净资产价格分别转让给10名公司高管每人10万股股票，M公司每股股票的公允价格为20元，公司章程规定，公司高管如果离职，必须按照离职上一年的公司账面净资产价格将股票卖给公司实际控制人刘某。2016年1月1日，高管王某离职，按照公司章程规定，将持有的10万股股票以每股15元的净资产价格转让给刘某，转让日公司净资产公允价值为25元。

我们来做一下分析，67号公告第十三条规定，相关法律、政府文件或企业章程规定，并有相关资料充分证明转让价格合理且真实的本企业员工持有的不能对外转让股权的内部转让，可以视为有正当理由，因此上述案例中的股权转让不必核定股权转让收入。事实上，此时职工持有的股票，不允许向公司外部转让，其转让受益权是受到限制的，因此虽然M公司的采矿权价值超过账面净资产20%以上，但高管之间按照账面净资产价格转让股票是符合公平交易原则的。

事实上，2000年以前的非上市公司股权激励，常常是采取工会持股的方式，但由于目前证监会不承认工会持股的合法性，职工持股已经构成上市的实质性障碍，因此上市前，职工持股会往往会采取两种形式，或者清退职工股票，或者将职工持股会改造为持股平台公司，以符合证监会的要求。

四、67 号公告中股权转让的内涵

67 号公告第三条列举了 7 种情形属于需要缴纳个人所得税的股权转让情形，这是67号公告对股权转让个人所得税政策的重大丰富，我们对其部分特殊的情形做一下分析。

第一种情况：股权回购

首先看一个关于回购股权案例，假如刘某、王某各自持有 M 公司 45% 的股份，张某持有 M 公司 5% 股权，张某由于移民到加拿大，决定转让自己持有的 5% 股权，为了不打破刘某和王某的持股平衡，公司决定回购张某持有的 5% 股权。张某持股成本为 50 万元，公司回购股权支付给张某 500 万元。

根据 67 号公告第三条规定，回购股权属于股权转让的一种类型，因此该项股权转让行为，M 公司应当扣缴个人所得税 90 万元。

事实上，国家税务总局 2011 年第 41 号公告已经确定了这种方式应当按照财产转让所得缴纳个人所得税，但是 41 号公告并未如 67 号公告明示。其实，除了支付股权转让款的渠道不同外，本案例中，公司回购股权与张某将 5% 股权分别转让给刘某和王某各自 2.5% 股权的效果相同，最终刘某与王某均持有 50% 的股权。

第二种情况：IPO 股东公开发售股份

关于 IPO 的同时股东公开发售股份的情形，相关的财务人员如何处理的呢？ 2014 年 1 月 13 日，苏州纽威阀门股份有限公司发布《招股说明书》，公告发行股数：8 250 万股，其中：本次公司公开发行新股 5 000 万股；公司股东公开发售股份 3 250 万股。公司股东公开发售股份所得资金不归公司所有。其实，IPO 同时股东公开发售股份，属于上市、套现同时进行的一种模式，证监会公告〔2013〕44号、证监会公告〔2014〕11号对其程序、方式、条件做出了具体规定。67号公告第三十条规定，本办法所规范的股权转让，不包含上市公司股票、限售股的转让，但是由于苏州纽威阀门股份有限公司在上市前还不属于上市公司，因此其股权转让受67号公告的规范。

第三种情况：股权被司法或行政机关强制过户

当股权被司法或行政机关强制过户时，如何进行税务处理呢？假定刘某持有M公司的100%股权，刘某欠A公司4200万元现金，无力归还，A公司将刘某起诉到人民法院，人民法院决定将刘某持有的M公司拍卖抵债。B公司以5 000万元的价格拍得M公司的100%股权，人民法院将M公司股权强制过户到B公司名下。刘某持有M公司股权成本为1 000万元。

请大家注意，即使是司法或行政机关强制过户，仍然要按照67号公告的规定缴纳个人所得税，因此本案例中，股权转让个人所得税应纳税所得额为4 000万元（5 000万元减去1 000万元），B公司应该扣缴个人所得税800万元，将其余4 200万元转付给A公司抵债。

另外，法发〔2014〕251号明确了司法强制过户，人民法院可以直接通知工商部门在业务系统强制过户，而不必再增加当事人申请的程序。

第四种情况：股东以非货币性资产对外投资

当股东以非货币性资产对外投资，如何进行税务处理呢？假如刘某以原值为100万元，市价为500万元的房产投资到M公司，占 M 公司 20% 的股权。国税函〔2005〕319 号文件（已废止）规定，个人以非货币性资产对外投资，暂不征收个人所得税。国家税务总局 2011 年第 2 号公告将 319 号文件废止后，根据《个人所得税法实施条例》第十条规定，就应当征收个人所得税，但在 67 号公告出台前一直没有文件予以明示。

67 号公告明确规定“以股权进行非货币性交易”属于股权转让的范畴，而以非货币性资产对外投资，显然属于“以股权进行非货币性交易”，第一次在国家政策层面上明确对个人以非货币性资产对外投资明示征税。

第五种情况：股东以其拥有的股权对外投资

如果股东以其拥有的股权对外投资，又如何进行税务处理呢？2009 年 6 月 4 日，苏宁环球发布《董事会关于 2008 年度盈利预测实现情况的专项说明暨实际控制人张桂平及张康黎对上市公司补偿公告》称，2007 年公司实施定向增发：第一步，向实际控制人张桂平及其关联人张康黎分别非公开发行股票，用于购买其合计持有的南京浦东房地产开发有限公司（以下简称“浦东公司”）84% 的股权，该等股权根据评估值作价 50.95 亿元；张桂平、张康黎关于《南京浦东房地产开发有限公司盈利预测报告》的相关承诺承诺主要内容为：浦东公司 2008 年度实际盈利数低于盈利预测数（按照假设开发法）时，张桂平、张康黎则按照其合计持有的浦东公司的股权比例（84%）计算的相应差额对苏宁环球予以补偿，即：补偿金额=（浦东公司盈利预测数－浦东公司实际盈利数）×84%。事实上，近年来 A 股市场向自然人定向增发股票购买自然人持有的有限责任公司股权比比皆是，之所以笔者以苏宁环球定向增发举例，是因为国家税务总局曾经就此专门颁发国税函〔2011〕89号文件，对江苏省地税局进行批复，明确张氏父子以其持有的浦东建设公司84%股权参与上市公司定向增发，属于股权转让应该缴纳个人所得税。不过由于国税函〔2011〕89号文件属于不予公开的文件，因此不能作为税务机关执法依据，而67号公告则明确规定了“以股权对外投资”的行为属于股权转让应该缴纳个人所得税。

值得关注的是，在67号公告实施之前的以股权对外投资行为是否需要追溯征收呢？我以为，从2015年1月1日起在严格执行以股权对外投资征收个人所得税政策，在执行层面可能会更好。

继续参照上面的案例，由于受到国际金融危机影响，2008年由于浦东建设公司盈利未达到预期，张氏父子向苏宁环球上市公司补偿了2.49亿元。在这种情况下，张氏父子定向增发时，以其持有的南京浦东建设公司84%的股份作价50.95亿元，投入苏宁环球公司，其作价基础是按照假设开发法计算出来的浦东公司预计利润，由于2008年度预计利润与实际利润相差悬殊，说明原来的估值并不准确，南京浦东建设公司的84%股权不值50.95亿元，为了保护小股东利益，张氏父子兑现承诺，将2.5亿元的利润差额补足，这实际“估值调整协议”的兑现，苏宁环球公司收到的2.5亿元，应当记账为：

借：资本公积——股本溢价　　2.5亿元

　贷：长期股权投资——浦东建设公司　　2.5亿元

借：银行存款　　2.5亿元

　贷：资本公积——股本溢价　　2.5亿元

由上述分析可见，2.5 亿元的利润补偿，实际是估值调整协议的条款兑现，应当减少张氏父子股权转让收入 2.49 亿元。

然而，67 号公告对股权转让收入额有两项具体的规定，一是继续沿用 2011 年第 41 号公告精神，67 号公告第八条规定，转让方取得与股权转让相关的各种款项，包括违约金、补偿金以及其他名目的款项、资产、权益等，均应当并入股权转让收入；二是 67 号公告第九条规定，纳税人按照合同约定，在满足约定条件后取得的后续收入，应当作为股权转让收入。

对于本案例中后续支出，是否可以减少股权转让收入，从而退还个人所得税，则没有明确规定。笔者认为，经过税务机关审查，如补偿款事项属实，应当根据行政合理性原则，允许向纳税人退还个人所得税。

五、关于股权转让个人所得税纳税义务发生时间问题

67 号公告第二十条规定，纳税人、扣缴义务人具有六种情形之一的，应当在次月 15 日之内向税务机关缴纳个人所得税。下面对其中部分情形进行分析。

第一种情况：分期收取股权转让款，是否分期纳税。

假如 2014 年 6 月，刘某与王某约定，以 1 000 万元价款转让其拥有的 M 音乐公司 100% 股权，刘某投资成本为 500 万元。双方约定：合同签字盖章并支付首期股权支付款 200 万元后，合同生效。（交易税费略）

2014 年 6 月，王某支付了 200 万元首期股权支付款，双方在工商局办理了股权变更登记手续。

第一种处理意见：王某应该全额代扣代缴个人所得税为 500 万元 ×20%=200（万元），缴纳给北京地税局。

第二种处理意见：王某应该代扣代缴个人所得税 500 万元 ×20%=200（万元）；但是由于首期支付 200 万元，因此应该按比例扣缴 40 万元个人所得税。

《个人所得税法实施条例》第三十五条规定，扣缴义务人在向个人支付应税款项时，应当依照税法规定代扣税款，按时缴库，并专项记载备查。条例将个人所得税的扣缴义务定于支付款项时，因此根据本条款，笔者认为，王某应当扣缴首期个人所得税 40 万元向税务机关申报。

第二种情况，征税是否以工商变更为前提。

假如 2014 年 6 月，刘某与王某约定，以 1 000 万元价款转让其拥有的 M 音乐公司 100% 股权，刘某投资成本为 500 万元。双方约定：合同签字即生效。2014 年 6 月王某全额支付了股权转让款。

2014 年 12 月，王某实际入主 M 音乐公司，并且记载于股东名册，开始行使股东权利。2015 年 6 月双方在工商局办理股权变更登记手续。

第一种处理意见：纳税义务发生时间为 2014 年 6 月，即根据 67 号公告规定，股权转让协议已签订生效的时间。

第二种处理意见：纳税义务发生时间应当在王某实际入主 M 音乐公司，并且记载于股东名册的 2014 年 12 月。

第三种处理意见：纳税义务发生时间为 2015 年 6 月，即工商局办理股权变更登记的时间。应比照国税函〔2010〕79 号文件，企业转让股权收入，应于转让协议生效、且完成股权变更手续时，确认收入的实现。

上述三种处理中，67 号公告选择了最早的时间，即：股权转让协议已签订生效的时间。这种处理方式我认为值得商榷。

9.3 企业重组涉税事项的正确处理与风险化解

在资本交易方面，国家税务总局2014年颁布了财税109号文，即《财政部 国家税务总局关于促进企业重组有关企业所得税处理问题的通知》，该文件在资产收购、股权收购以及资产划转三个重要方面做了规定：（1）在股权收购方面，将《财政部国家税务总局关于企业重组业务企业所得税处理若干问题的通知》（财税〔2009〕59号）第六条第（二）项中有关“股权收购，收购企业购买的股权不低于被收购企业全部股权的75%”规定调整为“股权收购，收购企业购买的股权不低于被收购企业全部股权的50%”；（2）在资产收购方面，将财税〔2009〕59号文件第六条第（三）项中有关“资产收购，受让企业收购的资产不低于转让企业全部资产的75%”规定调整为“资产收购，受让企业收购的资产不低于转让企业全部资产的50%”；（3）在股权、资产划转方面，规定对100%直接控制的居民企业之间，以及受同一或相同多家居民企业100%直接控制的居民企业之间按账面净值划转股权或资产，凡具有合理商业目的、不以减少、免除或者推迟缴纳税款为主要目的，股权或资产划转后连续12个月内不改变被划转股权或资产原来实质性经营活动，且划出方企业和划入方企业均未在会计上确认损益的，可以选择按以下规定进行特殊性税务处理：第一，划出方企业和划入方企业均不确认所得；第二，划入方企业取得被划转股权或资产的计税基础，以被划转股权或资产的原账面净值确定；第三，划入方企业取得的被划转资产，应按其原账面净值计算折旧扣除。

但是，对于如何区别资产划转或股权划转，在企业实践操作的过程中很难界定，因为划转本身属于计划经济时代下的一个词汇，那么在现代经济模式下，资产划转或股权划转又是如何界定的呢？109号文件划转，实质就是投资、减资、分立三种模式在全资母子兄弟公司之间的运用。国家税务总局颁发了《关于资产（股权）划转企业所得税征管问题的公告》（国家税务总局公告2015年第40号，以下简称40号公告），该文件是《关于促进企业重组有关企业所得税处理问题的通知》（财税〔2014〕109号文件）的配套政策，主要内容一是明确了“资产划转”含义，二是对资产划转区分不同情形，给出了税务处理方法。

我们先来看看40号公告颁布所处在的经济环境，2014年3月7日，国务院颁布《国务院关于进一步优化企业兼并重组市场环境的意见》（国发〔2014〕14号，以下简称14号文件），该文件的第四条第（七）项要求“完善企业所得税、土地增值税政策。修订完善兼并重组企业所得税特殊性税务处理的政策，降低收购股权（资产）占被收购企业全部股权（资产）的比例限制，扩大特殊性税务处理政策的适用范围。抓紧研究完善非货币性资产投资交易的企业所得税、企业改制重组涉及的土地增值税等相关政策”。

在14号文件“命题答卷”的指引与影响下，2014年年末，2015年年初，财政部国家税务总局先后颁发了一系列鼓励重组的重大税政。主要有：财税〔2014〕109号文件，明确特殊性税务处理中，被收购股权、资产比例由75%降到50%，符合条件的资产（股权）划转，可以享受特殊性税务处理政待遇；财税〔2014〕116号文件及国家税务总局2015年第33号公告，明确企业非货币性资产对外投资所得，可在5年内均匀计入应纳税所得额；财税〔2015〕41号文件（根据国务院2015年2月25日常务会议决定）及国家税务总局2015年第20号公告，明确个人非货币性资产对外投资所得，在5年内递延纳税；财税〔2015〕5号文件，对合并、分立、投资等行为的土地增值税处理，给予了宽松政策，该文同时还排出了房地产企业享受重组政策红利的可能性，财税〔2015〕37号文件，对合并、分立、划转等行为的契税政策进行了延续和修正，并明确了“原投资主体存续”等关键条件的含义所在。

40号公告就是在这样的背景下，作为财税〔2014〕109号文件的配套征管政策出台的。那接下来，我们详细看看关于资产（股权）划转政策具体内容解析。

109号文件第三条规定：对100%直接控制的居民企业之间，以及受同一或相同多家居民企业100%直接控制的居民企业之间按账面净值划转股权或资产，凡具有合理商业目的、不以减少、免除或者推迟缴纳税款为主要目的，股权或资产划转后连续12个月内不改变被划转股权或资产原来实质性经营活动，且划出方企业和划入方企业均未在会计上确认损益的，可以选择按以下规定进行特殊性税务处理：

1．划出方企业和划入方企业均不确认所得。

2．划入方企业取得被划转股权或资产的计税基础，以被划转股权或资产的原账面净值确定。

3．划入方企业取得的被划转资产，应按其原账面净值计算折旧扣除。

《企业所得税法实施条例》第七十五条规定："除国务院财政、税务主管部门另有规定外，企业在重组过程中，应当在交易发生时确认有关资产的转让所得或者损失，相关资产应当按照交易价格重新确定计税基础。"即：原则上资产重组行为应该按照交易价格视同销售收入，而财税〔2009〕59号文件和财税〔2009〕109号文件就是条例七十五条所称的另有规定，适用递延纳税的特殊性税务处理政策。资产重组交易的税务处理，遵循三个原则如下。

第一，法人税制原则。原则上，只要资产的所有权从一个法人单位转移到另一个法人单位，资产应该做视同销售处理，资产的隐含增值在税收上需要得到实现。

第二，分解理论。资产重组交易行为的一般性税务处理分为两步，第一步，先对资产做视同销售行为；第二步，对资产接收方接受资产的计税基础按照公允价值确认。

第三，计税基础延续理论。资产重组交易行为符合59号文件或109号文件条件，采取特殊性税务处理时，资产划出方不确认所得，同时资产接收方接受资产的计税基础按照资产的原计税基础确定。

59号文件是资产重组的一般性税务处理和特殊性税务处理，不再赘述，下面重点探讨109号文件资产划转的税务处理。

109号文件的特殊性税务处理政策，适用于三种情形，即："母子公司之间"、"子母公司之间"，"子子公司之间"的资产（股权）划转，结合40号公告，分别举例说明。

第一种情况，以资产（股权）投资符合资产划转条件。假如

A 公司持有 M 公司 100% 的股权，2015 年 1 月，A 公司将两项资产划转至 B 公司，其中包括：计税基础为 600 万元，公允价格为 1 000 万元的不动产；A 公司持有的 M 公司 60% 股份，其计税基础为 600 万元，公允价值为 1 000 万元，双方账务处理如下：

A 公司：

借：长期股权投资　　1 200 万元

　贷：固定资产清理　　600 万元

长期股权投资——M 公司 60% 股份　　600 万元

B 公司：

借：固定资产　　600 万元

　　长期股权投资——M 公司 60% 股份　　600 万元

　贷：实收资本　　1 000 万元

　　　资本公积　　200 万元

上述投资行为是否属于划转呢？40 号公告第一条第（一）款规定："100% 直接控制的母子公司之间，母公司向子公司按照账面价值划转其持有的股权或资产，母公司获得子公司 100% 股权的股权支付。母公司按增加长期股权投资处理，子公司按接受投资（包括资本公积）处理，母公司获得子公司股权的计税基础以划转股权或资产的原计税基础确定。

上述规定，非常明确地将母公司对子公司的投资行为确定为划转行为。事实上，目前"划转"一词，分别在财税〔2015〕37 号文件契税政策、财税〔2014〕109 号文件企业所得税特殊性税务处理政策、国家税务总局 2014 年第 29 号公告"关于股东划入资产"中有所体现，而 40 号公告明确了"划转"一词的含义，意义重大。

虽然 40 号公告是企业所得税政策，但秉承“同一问题，同一解释”的理念，母公司将不动产投资于全资子公司的行为，也应确定为契税的“划转”行为，从而免征契税。

第二种情况，关于 109 号文件中“原账面净值”又应该如何的理解呢？ 109 号文件将划入、划出方取得资产（股权）的计税基础，均表述为按照“原账面净值”确定，一般来说“原财产净值”等同于“原计税基础”，也等同于《企业所得税法实施条例》七十四条所称的“财产净值”，但是特殊情况下，“原账面净值”与“原计税基础”可能出现背离的情况。例如：假设 A 公司持有 M 公司的股权，系该公司以非货币性资产交换方式取得的，且不具有商业交易实质，该项股权取得时的公允价值为 800 万元，换出资产的账面价值为 600 万元，则在 A 公司取得股权时，应确认 200 万元的应纳税所得额，同时将持有 M 公司股权的计税基础确定为 800 万元。

在这个案例中，B 公司取得 M 公司股权的计税基础，以及 A 公司以股权投资取得 B 公司股权的计税基础，应当确定为 800 万元，而不是 600 万元。因此原 109 号文件“原账面净值”的表述，略有瑕疵，40 号公告进行了补正，将“原账面净值”均改为了“原计税基础”。

第三种情况，109 号文件的划转政策，是免税政策，还是递延纳税政策呢？

由于 A 公司取得 B 公司股权的计税基础，以及 B 公司取得资产（股权）的计税基础，均为资产（股权）的原计税基础，因此未来在资产折旧（摊销）或者再次转让或者 B 公司注销时，资产的隐含增值依然会得到实现，因此无论 59 号文件、还是 109 号文件的特殊性税务处理均为递延纳税政策。

关于递延纳税，需要注意的问题：一是纳税主体的递延，资产隐含增值纳税的主体；由A公司递延到B公司；二是该项递延由于未来B公司盈亏状况变化，原有的资产隐含增值未必在未来能够全部实现，因此是金额上的不确定性递延；三是该项递延由于B公司“未来何时再次转让资产或者注销清算”的时间是不确定的，因此是时间上的不确定性递延；四是如果A公司转让股权与B公司转让其取得的资产（股权）同时存在，会存在重复纳税的争议。

如果交易完成12个月内，股权比例发生变化，则需要进行纳税调整。上例中的B公司，在完成划转交易后的第7个月（2015年8月）增资扩股，引进了战略投资者C公司，增资扩股完成后，A公司占B公司80%股份，C公司占B公司20%股份，A、B公司应当如何进行税务处理呢？

第一个问题，资产划转时，A公司持有B公司100%股权，在未来12个月内，持股比例发生了变化，是否需要按照一般性税务处理调整应纳税所得额呢？单独从109号文件的表述来看，并未有59号文件“权益连续性”的类似表述，40号公告就对109号文件扩大解释，增加了约束性条件，其第七条规定：“交易一方在股权或资产划转完成日后连续12个月内发生生产经营业务、公司性质、资产或股权结构等情况变化，致使股权或资产划转不再符合特殊性税务处理条件的，发生变化的交易一方应在情况发生变化的30日内报告其主管税务机关。另一方应在接到通知后的30日内将有关变化报告其主管税务机关。”，大家可以发现，该表述将“股权结构”变化的条件纳入了资产划转特殊性税务处理的条件，因此本案例中A公司的资产（股权）划转交易不再符合特殊性税务处理条件，应当进行纳税调整。

第二个问题，是特殊性税务处理条件发生变化后，如何进行纳税调整？按照40号公告第八条的规定，A、B公司应当分别进行如下税务处理：对于A公司应当视同销售，确认应纳税所得额2 000-1 200=800（万元）；而对于B公司，一是将取得M公司股权的计税基础由600万元，调整为1 000万元；二是将取得的不动产计税基础调整为1 000万元，并对此前已经确认的折旧费用进行纳税调整（当年度事项可以在汇算清缴时调整，跨年度事项则追溯进行纳税时调减）。

第三个问题，如果在该项交易不符合109号文件特殊性税务处理条件后，A公司是否可以更改按照财税〔2014〕116号文件规定，以5年递延纳税处理。

《关于非货币性资产投资企业所得税若干征管问题的公告》（国家税务总局2015年第33号公告）第三条规定，符合59号、116号、109号文件规定的特殊性税务处理条件，由企业择一处理，但是一经选定，不得改变。因此，企业选择了109号文件特殊性税务处理后，又不符合条件的，只能按照40号公告第八条进行税务处理，不能转而适用116号文件的5年递延纳税。

对于适用资产（股权）划转的税收优惠是需要相关条件的，希望大家能够认真对待。下面先通过一个案例来说明。

假如2015年1月，刘某持有A公司100%股份，A公司持有B公司95%股份，刘某持有B公司5%股份；A公司持有C公司95%股份，刘某持有C公司5%股份。即：刘某间接全资控制B公司，

B、C 公司同受 A 公司、刘某控制，且持股比例相同。2015 年 1 月，A 公司以其持有的 M 公司 30% 股权划转给 B 公司；B 公司以其持有的 N 公司 30% 股权划转给 C 公司。

第一个问题，A 公司将其持有的 M 公司 30% 的股权划转给 B 公司的交易，是否符合 109 号文件特殊性税务处理条件呢？

109 号文件对母子公司享受划转特殊性税务处理的条件是："100% 直接控制的居民企业之间。"因此，A 公司只持有 B 公司 95% 的股份，不是 100% 直接控制的居民企业之间，虽然刘某最终对 A、B 公司都是 100% 直接加间接控制，但 109 号文件强调的是 100% 直接控制的企业之间，所以上述交易不适用 109 号文件特殊性税务处理。

第二个问题，B 公司以其持有的 N 公司 30% 股权划转给 C 公司，是否符合 109 号文件特殊性税务处理条件呢？

B、C 公司受 A 公司和刘某共同 100% 控制，但是 109 号文件规定的条件为"受同一或相同多家居民企业 100% 直接控制"，因此 B、C 公司属于共同 100% 控制，但并未受到多家居民企业共同控制，因此不符合特殊性税务处理条件。

因此，理解 109 号文件的条件，要理解三个要点，一是"直接控制"，间接控制不符合条件；二是必须 100% 股权比例，未来 12 个月内股权比例变化的，需要进行纳税调整；三是，共同 100% 控制，必须是多个居民企业的共同控制，控制集团中如果有自然人股份，不符合特殊性税务处理条件。

为什么有自然人股权，就一定不符合特殊性税务处理呢？因为自然人资产重组政策缺乏。

其实我们可以针对资产（股权）划转前创造条件符合 100% 股权直接控。假设，为符合“资产（股权）划转”特殊性税务处理条件，2015 年 1 月，刘某将其持有的 B 公司 5% 股权转让给 A 公司，股权转让后，A 公司持有 B 公司 100% 股权。2015 年 2 月，A 公司将其持有的 M 公司 30% 股权投资给 B 公司，是否符合 109 号文件特殊性税务处理条件呢？

按照 59 号文件的“多步骤交易原则”，在重组前后的 12 个月内的交易行为，视同一项交易行为，如果按照此原则，上述交易行为不符合资产（股权）划转特殊性税务处理条件。但 109 号文件出台后，在 40 号公告中，并未有对资产划转之前股权比例变动的限制，因此在 40 号公告政策环境下，上述交易符合资产（股权）特殊性税务处理条件。

还有一种特殊的情形，就是在资产（股权）划转时，被投资方计入资本公积的企业又该如何进行税务处理呢？假如 A 公司持有 M 公司 40% 股权，计税基础为 1 200 万元，公允价值为 2 000 万元；A 公司持有 B 公司 100% 股权，持有 C 公司 60% 股权。2015 年 1 月，A 公司将其持有的 M 公司 20% 股权划转给 B 公司，剩余 20% 股权划转给 C 公司，三方会计处理如下。

A 公司：

借：长期股权投资——B 公司　　600 万元

　　　　　　　　——C 公司　　600 万元

　贷：长期股权投资——M 公司　　1200 万元

B 公司：

借：长期股权投资——M 公司　　600 万元

贷：资本公积　　　　　　　　　　　　　　　　600 万元

C 公司：

借：长期股权投资——M 公司　　　　　　　　　600 万元

贷：资本公积　　　　　　　　　　　　　　　　600 万元

针对上述业务，下面分析如何进行纳税调整。

（一）首先分析，A 公司将股权划转给 B 公司的交易。

由于 A 公司持有 B 公司 100% 股权，因此该项划转符合 109 号文件的特殊性税务处理要求，如符合其他要求，则 A 公司对 B 公司的投资行为，无需进行纳税调整。即 A 公司划转行为持有 B 公司股权的计税基础为 600 万元，B 公司接受 M 公司股权的计税基础也为 600 万元。

这里特别要注意的是，无论 B 公司接受投资做“实收资本”，或是“一部分实收资本，一部分资本公积”，抑或全部做“资本公积”处理，均属于接受投资行为，不能将接受投资时全部计入“资本公积”视为接受捐赠。实收资本和资本公积（资本溢价）均为股东投入的一部分，事实上，根据国税函〔2010〕79 号文件规定，资本溢价随时可以做转增资本处理，而不涉及企业所得税。

（二）分析 A 公司将股权划转给 C 公司的交易。

由于 A 公司只持有 C 公司 60% 股份，因此不符合 109 号文件特殊性税务处理要求，但是如上所述，C 公司接受投资全部作为资本公积处理，也不应视为接受捐赠，该项交易应当按照国家税务总局 2014 年第 29 号公告第二条第（二）款规定：“企业接收股东划入资产（包括股东赠予资产、上市公司在股权分置改革过程中接收原非流通股股东和新非流通股股东赠予的资产、股东放弃本企业的股权，下同），凡合同、协议约定作为资本金（包括资本公积）且在会计上已做实际处理的，不计入企业的收入总额，企业应按公允价值确定该项资产的计税基础。”即：A 公司做视同销售处理，B 公司按照接受 M 公司股权的公允价值确认持股计税基础。

A 公司：应纳税所得额 =1 000-600=400（万元），A 公司可以选择一次性计入当年应纳税所得额，也可以选择按照 116 号文件的规定，在 5 年内均匀计入当年应纳税所得额，选择 5 年递延纳税。

C 公司：接受 M 公司 20% 股权的计税基础确定为公允价值 1 000 万元。

综上，可以得出结论，即使接受投资方全部作为“资本公积”处理，也不属于接受捐赠行为，而 109 号文件的资产划转与国家税务总务 2014 年第 29 号公告（以下简称“29 号公告”）的资产划入，区别在于如果符合 109 号文件特殊性税务处理条件，可以享受递延纳税待遇，而 29 号公告的资产划入，如果划入的是非货币性资产，划入方需要进行视同销售。

这时，大家一定会认为，A 公司持有 B 公司 100% 股权的情况下，将 M 公司 20% 股权划入到 B 公司，不增加实收资本，而是全部作为资本公积，可以理解；而 A 公司只持有 C 公司 60% 股份，为什么也舍得将划入资本全部作为资本公积呢？其实这种情形的形成是多方面的，大多同“估值调整协议”有关，其实质是对以前投资取得股权时，对估值不准的投入不足部分，按照预先达成的协议，进行补足。

9.4 资产（股权）投资行为中四种节税方法运用

接下来和大家谈谈关于资产（股权）投资行为适用的“四种武器”及如何进行科学的决策。

A 公司持有 B 公司 100% 股权，2015 年 1 月，A 公司将其持有的 M 公司 60% 股权划转给 B 公司，该项投资的计税基础为 600 万元，公允价值为 1 000 万元。

A 公司会计处理：

借：长期股权投资——B 公司　　600 万元

　贷：长期股权投资——M 公司　　600 万元

B 公司会计处理：

借：长期股权投资——M 公司　　600 万元

　贷：实收资本　　600 万元

请问，A 公司应当如何进行税务处理？在各种税务处理下，B 公司的持股成本又会发生那些变化？

上述案例中，A 公司可能适用的税收政策有四种（假设其他享受特殊性税务处理的条件均符合），分别采取以下方案。

方案一：116 号文件五年递延纳税

A 公司视同销售处理，且依照财税〔2014〕116 号文件的规定，递延 5 年纳税；B 公司持股的计税基础为公允价值 1 000 万元。

A 公司税务处理：

1. 视同销售确认所得 =1 000-600=400（万元）

2. 按照 116 号文件规定，A 公司可以选择 400 万元所得均匀的在 5 年内计入，每年计入应纳税所得额 80 万元。

方案二：109 号文件划转特殊性税务处理

A 公司可以选择 109 号文件的划转特殊性税务处理，A 公司不确认所得额，而 B 公司持股计税基础为 A 公司持有 M 公司的原计税基础 600 万元。

应当说，方案一和方案二两种方案，各有千秋，方案一的好处是 B 公司接受投资的计税基础按照公允价值确认，在接受资产为固定资产或存货时，这种方案的优势就更加明显；而方案二，显而易见的是 A 公司得到的是不确定性递延利益，比较起方案一的确定性递延来，更加优惠。相对来说，如果既符合 116 号文件 5 年递延条件，也符合 109 号文件划转的特殊性税务处理条件，选择 109 号文件划转特殊性税务处理的企业会更多一些。但是绝不能认为，109 号文件的税务处理，就比 116 号企业绝对优惠！

方案三：59 号文件特殊性税务处理

A 公司可以选择 59 号文件的特殊性税务处理，A 公司不确认所得额，而 B 公司持股计税基础为 A 公司持有 M 公司的原计税基础 600 万元。

应当说，59 号文件的特殊性税务处理，与 109 号文件划转特殊性税务处理结果相同，所不同的是适用范围不同。

109 号文件适用范围较为严苛，只有母公司对全资子公司划转资产才能适用投资的特殊性税务处理政策，而 59 号文件适用范围较为宽泛，即使投资方A公司与被投资方B公司在投资前没有任何股权关联，也可能适用；但是109号文件比59号文件来适用条件较宽松，划转资产不受59号文件“50%以上”比例等条件的约束，例如：本案例中如果划转M公司20%的股权比例，则只能适用于109号文件，不适用于59号文件。

59号文件和109号文件的关系可以总结为：109号文件适用范围严苛，而适用条件较为宽松；59号文件反之，适用范围宽松，而适用条件严苛。

方案四：选择适用“视同销售”，且一次性计入应纳税所得额

有人说，A公司，有上述三种递延纳税的方案可以选择，怎么可能选择一次性将所得400万元计入应纳税所得额呢？

一般情况下，A公司不会选择方案四，但是如果A公司有巨额亏损，情况就不一样了！选择方案四的结果是，A公司当年的所得弥补了亏损，没有实际缴税，而B公司持有M公司股权的计税基础为公允价值1 000万元，既享受了116号文件中，接受投资方持股计税基础为公允价值的益处，又享受了59号文件和109号文件A公司不需要马上缴税的益处。

如果A公司的亏损马上就要到5年弥补亏损期，选择方案四就更是必须的。

综上所述，四种方案，各有所长。116号文件有利的是，接受投资方B公司持有M公司股权的计税基础为公允价值，不利的是虽然递延五年纳税，但毕竟立刻要付出真金白银；109号文件和116号文件的有利的是，不确定性递延无需马上付出真金白银，不利的是接受投资方B公司持有M公司股权的计税基础为原计税基础；109号文件和59号文件的区别在于，109号文件适用范围严苛，适用条件宽松，59号文件反之；适用视同销售一次性计入应纳税所得额，往往是特殊情况。

9.5 公司资产划转中几种特殊情况的纳税处理

第一种情形：在公司资产划转中一种是母公司减资划转资产模式。

假如A公司持有B公司100%股权，该项投资的计税基础及会计成本均为5 000万元；A公司同时持有M公司30%股权，计税基础为600万，公允价值为1 000万元；B公司已经持有M公司70%股权，投资计税基础为1 400万元。2015年1月，A公司进行了集团重组，将其持有的M公司30%股权划转给全资子公司B公司，重组后，B公司持有M公司100%股份，A、B公司会计处理如下。

A公司：

借：资本公积　　　　　　　　　　600万元

　贷：长期股权投资——M公司　　　600万元

B公司：

借：长期股权投资——M公司　　　　600万元

　贷：资本公积　　　　　　　　　600万元

上述案例完全符合40号公告第一条第（二）款的情形，可以适用特殊性税务处理。唯一的区别在于，如果A公司选择借方做“长期股权投资——B公司”，则A公司会计账簿增加“长期股权投资——B公司”账面价值600万元，投资后，A公司持有B公司的长期股权投资成本账面价值增加为 5 600 万元。而在本案例中，A 公司持有 B 公司的会计成本仍然为 5 000 万元。

其实，在本案例中，类似于母公司将一部分资产分立给子公司，其逻辑关系应为 A 公司先减资，然后 A 公司的母公司增加对 B 公司的长期股权投资，但是无论是 109 号文件，还是 40 号公告均未做出这样的规定，实践中应该不会被税务机关接受。

虽然 A 公司未在借方做长期股权投资处理，但在税收上增加其持有 B 公司长期股权投资计税基础 600 万元，是否可以被接受呢？这种做法从 40 号公告第八条第（一）款第 1 项和 2 项的表述比较来看，即使该项划转不符合特殊性税务处理条件也不会被允许增加对 B 公司股权的计税基础。

综上所述，如果 A 公司减资划转资产，600 万元的计税基础就没有了。事实上，如果合并会计报表，A 公司减少 600 万元资本公积，B 公司增加 600 万元资本公积，A、B 公司的所有者权益是没有变化的，但是企业所得税法原则上采取法人税制原则，因此上述会计处理，有可能会导致 600 万元计税基础的灭失，至少是存在 600 万元计税基础灭失的可能性，因此单从税收的角度，不建议采取上述方式进行资产划转。

第二种情形：子公司向母公司划转资产，这种模式又该如何运作呢？

假如 A 公司持有 B 公司 100% 股权，该项投资的计税基础及会计成本均为 5 000 万元；B 公司持有 M 公司 30% 股权，计税基础为 600 万元，公允价值为 1 000 万元；A 公司已经持有 M 公司 70% 股权，投资计税基础为 1 400 万元。2015 年 1 月，A、B 公司进行了集团重组，B 公司将其持有的 M 公司 30% 股权划转给母公司 A 公司，投资时 B 公司留存收益为 300 万元。重组后，A 公司持有 M 公司 100% 股份，A、B 公司会计处理如下：

A 公司：

借： 长期股权投资——M 公司　　　　600 万元

　贷： 资本公积　　　　600 万元

B 公司：

借： 资本公积　　　　600 万元

　贷： 长期股权投资——M 公司　　　　600 万元

母公司划转股权给子公司，为“子变孙”，而子公司划转给母公司，则是“孙变子”。一般来说，由于操作不便，划转行为很少直接减少注册资本的，通常通过“资本公积”对倒，本案例也是按照这种方式进行账务处理，按照 40 号公告的理念，在资产划转中，增减资本公积与增减实收资本，在税收上同等待遇。对于 B 公司，按照冲减资本公积处理。而对于 A 公司，一方面对 B 公司的长期股权投资计税基础减少 600 万元，即由原来的 5 000 万元，减少到 4 400 万元；另一方面增加对 M 公司的计税基础，由原来的 1 400 万元，增加到 2 000 万元。相当于：首先 A 公司从 B 公司撤资；其次 A 公司将撤资资产又投资到 M 公司。两步均未实现增值。

按照以上进行税务处理，需要注意的是，A 公司持有 B 公司股权的计税基础为 4 400 万元，而账面价值为 5 000 万元，需要做备查簿记载。

如果资本公积不够冲减的子公司划转股权，将如果进行税务处理呢？假如 A 公司持有 B 公司 100% 股权，B 公司实收资本为 300

万元，资本公积为 200 万元，B 公司持有 M 公司 30% 股权的计税基础为 600 万元，公允价值为 1 000 万元。2015 年 1 月，A、B 公司进行了集团重组，B 公司将其持有的 M 公司 30% 股权划转给母公司 A 公司，划转后 A 公司持有 M 公司 100% 股权。

方案一：按照 109 号文件对 B 公司实施减资 600 万元进行处理，同时 A 公司增加对 M 公司股权的计税基础 600 万元。但是由于 B 公司资本公积只有 200 万元，全部冲减公积，就会出现借方余额，甚至冲减资本公积 200 万元，余额冲减实收资本 300 万元仍然不够冲减，这种情况是由于 B 公司借债对 M 公司投资出现的。因此在这种情况下，无法按照 109 号文件操作，工商管理机关也无法通过。

方案二：B 公司按照持有 M 公司股权的计税基础 600 万元平价转让给 A 公司。在 40 号公告下发之前，有可能纳入 109 号文件资产划转特殊性税务处理范畴。40 号公告下发后，方案二肯定不符合 109 号文件特殊性税务处理条件，如果按照方案二操作，必须补税！

方案三：A 公司采取如下步骤：第一步，对 B 公司增资 600 万元，A 公司做长期股权投资处理，B 公司增加资本公积；第二步，B 公司做减少资本公积处理，减少了刚刚增加的 600 万元万元资本公积；第三步，A 公司减少对 B 公司的投资计税基础 600 万元，减少的是刚增加的 600 万元计税基础；第四步，A 公司增加对 M 公司的计税基础 600 万元。

大家注意，除第一步外，其余三步是标准的 109 号文件资产划转特殊性税务处理的方式，方案三操作后的结果同方案二完全一样。

如果企业 12 个月内不再符合条件的子公司划转资产的情形将如果操作呢？假如 A 公司持有 B 公司 100% 股权，该项投资的计税基础及会计成本均为 300 万元；B 公司持有 M 公司 30% 股权，计税基础为 600 万元，公允价值为 1 000 万元；A 公司已经持有 M 公司 70% 股权，投资计税基础为 1 400 万元。2014 年 9 月，A、B 公司进行了集团重组，B 公司将其持有的 M 公司 30% 股权划转给母公司 A 公司，投资时 B 公司留存收益为 200 万元。重组后，A 公司持有 M 公司 100% 股份，A、B 公司会计处理如下：

A 公司：

借：长期股权投资——M 公司　　600 万元

　贷：资本公积　　600 万元

B 公司：

借：资本公积　　600 万元

　贷：长期股权投资——M 公司　　600 万元

2015 年 6 月，该项重组行为由于股权架构变动，不再符合特殊性税务处理条件。按照 40 号公告第八条第（一）条第三款规定：

B 公司应当视同销售：应纳税所得额 =1 000-600=400（万元）

A 公司做减资处理：子公司减资模式，如果符合 109 号文件条件，按照特殊性税务处理。而一旦不符合 109 号文件条件，则需依据国家税务总局 2011 年第 34 号公告（以下简称“34 号公告”）第六条的规定——投资企业从被投资企业撤回或减少投资，其取得的资产中，相当于初始出资的部分，应确认为投资收回；相当于被投资企业累计未分配利润和累计盈余公积按减少实收资本比例计算的部分，应确认为股息所得；其余部分确认为投资资产转让所得。

因此，A 公司对相当于投资成本部分的 300 万元，确认为投资收回，并将 A 公司对 B 公司投资的计税基础确认为 0 元；相当于留存收益部分的200万元，加上刚刚B公司确认的视同销售所得400万元部分，减去企业所得税100万元，应确认500万元股息红利所得，做免税处理（此处存在争议，一种观点认为，应该不折不扣按照账面留存收益200万元作为免税收入，类似的争议在子公司注销清算时也存在。通常认为是应该将减资或注销清算时，子公司非货币性资产视同销售所得，减去所得税费用后，应当并入留存收益处理，否则企业税收利益折损太大）；其余200万元作为投资资产转让所得，并缴纳企业所得税。需要注意的是，此时A公司账面上仍然有600万元对B公司的投资成本，而计税基础为0，此时应该做备查簿以备查考。

这时大家可能有疑问。A公司持有B公司100%股权的计税基础只有300万元，而B公司持有M公司的公允价值却又1 000万元，有可能性吗？完全有可能。30年前，A公司投资300万元成立全资子公司B公司，30年后，子公司枝繁叶茂，是完全有可能的，不必对此抱有疑问。

另外，请需要大家注意，34号公告中的撤资减资处理，对留存收益的处理顺位是不一样的，财税〔2009〕60号文件中，母公司注销子公司收回投资时，第一顺位是作为股息红利处理的，但34号公告部分减资处理，第一顺位则是确认为投资收回处理。在部分情形下，由于留存收益处理的顺位不同，税务处理结果会不同。

第三种情形：资产划转是在子公司之间进行的，那么又该如果进行合法、合理的操作呢？

假如A公司持有B公司100%股权，B公司准备整体上市，上市前对一部分不适合上市的资产进行剥离，并成立资产管理公司。

其操作手法如下：第一步，A 公司以 100 万元现金投资成立资产管理公司 C 公司，以便在未来统一管理从 B 公司剥离出来的资产；第二步，B 公司将不适合上市的资产剥离，假设剥离资产的计税基础及账面价值均为 6 000 万元，公允价值为 1 亿元。B、C 公司分别会计处理如下：

B 公司：

借：资本公积　　6 000 万元

　贷：剥离资产　　6 000 万元

C 公司：

借：剥离资产　　6 000 万元

　贷：资本公积　　6 000 万元

由上述案例，我们可以得出结论，如果 B 公司和 C 公司将资本公积科目都换为实收资本，就是标准的分立业务，如果符合特殊性税务处理条件，可以适用 59 号文件特殊性税务处理，例如本案例中，B 公司一步到位，分立出一个兄弟公司 C 公司，C 公司注册资本 100 万元，将剥离资产全部分立给 C 公司，其最后的效果同本案例基本相同。109 号文件对子公司之间的分立业务，又给出了一条通往特殊性税务处理之路。

子公司之间的资产划转，其实质就是公司分立业务，因此如果未来 12 个月内，不符合 109 号文件特殊性税务处理条件了，自然需要按照分立的一般性税务处理原则进行税务处理，40 号公告第八条第一款第四即是如此。

9.6　公司资产划转中几个需要注意的问题

首先在文件中，特别强调要具有“合理的商业目的”，那么合理的商业目的该如何界定，下面通过案例和大家做一下解析和分享。

假如 A 公司持有 M 公司 40% 股权，其计税基础为 6 000 万元，公允价值为 10 000 万元；B 公司为 A 公司全资子公司；A 公司当年盈利，且无未弥补亏损，B 公司有未弥补亏损 5 000 万元。A 公司与 C 公司初步达成协议，以 10 000 万元价格转让，A 公司需要确认应纳税所得额 4 000 万元，A 公司当年属于盈利年度需要缴纳企业所得税 1 000 万元。

为了避税，A 公司进行了税收策划，第一步，A 公司将持有的 M 公司股权划转给全资子公司 B 公司，并适用特殊性税务处理；第二步，B 公司将 M 公司股权转让给 C 公司，实现应纳税所得额 4 000 万元。由于 B 公司当年有 5 000 万元未弥补亏损，因此 B 公司实际未缴纳税款。相当于亏损在不同法人企业之间调剂使用了。

无论 59 号文件，还是 109 号文件，特殊性税务处理的实质是递延纳税，例如本案例中，A 公司将股权的隐含增值 4 000 万元递延给了 B 公司，如果 B 公司的盈亏状况与 A 公司相同，即使 B 公司立即将 M 公司 40% 股权转让也不会少缴纳任何税款，但是由于 B 公司有巨额亏损，就导致 A 公司避税成功。单独其条件，本案例完全符合 109 号文件资产划转特殊性税务处理的，但是税务机关可以不符合“具有合理商业目的、不以减少、免除或者推迟缴纳税款为主要目的”这一条件为理由，不同意 A 公司向全资子公司 B 公司划转股权适用特殊性税务处理。

类似的，“子—母”、“子—子”资产划转，也有类似避税策划，税务机关可以运用“合理商业目的”条款进行限制。

另外，40 号公告还明确了资产划转特殊性税务处理申报程序与附报资料。但大家请注意，资产划转特殊性税务处理不是事前备案，而是汇算清缴时附报资料即可，非行政性审批已经被完全取消。59 号文件的资产重组事先备案被取消，109 号文件的资产划转特殊性税务处理同样如此。

行政审批制度带来的另外一个便利是，如果 A 公司 2015 年向全资子公司 B 公司划转资产时，虽然符合 109 号文件的特殊性税务处理条件，但是在汇缴时未按照 40 号公告附报资料，是否税务稽查时就一定要按照一般性税务处理补税呢？答案是只要实质符合 109 号文件资产划转特殊性税务处理条件，没有报送资料，补充报送即可。根据税总发〔2014〕107 号《关于税务行政审批制度改革若干问题的意见》文件精神，“实施备案管理的事项，纳税人等行政相对人应当按照规定向税务机关报送备案材料，税务机关应当将其作为加强后续管理的资料，但不得以纳税人等行政相对人没有按照规定备案为由，剥夺或者限制其依法享有的权利、获得的利益、取得的资格或者可以从事的活动。纳税人等行政相对人未按照规定履行备案手续的，税务机关应当依法进行处理。”稽查机关不能剥夺企业的实体性税务利益，但可进行相应处罚。

9.7 企业注销清算可以看作是企业纳税的清算

什么叫作企业注销？即当一个公司宣告破产，或者被其他公司收购、公司章程规定营业期限届满、公司内部分之解散，或者由于一些业务经营方式不规范被依法责令关闭，这时公司可以申请注销。如果当时我投资了300万元，现在企业要注销，公司资产已处理完毕，我最后拿回了600万元，或许我拿回的比300万元还少。根据《关于企业所得税若干问题的公告》（国家税务总局2011年第34号公告）的规定，投资企业从被投资企业撤回或减少投资，其取得的资产中，相当于初始出资的部分，应确认为投资收回；相当于被投资企业累计未分配利润和累计盈余公积按减少实收资本比例计算的部分，应确认为股息所得；其余部分确认为投资资产转让所得。被投资企业发生的经营亏损，由被投资企业按规定结转弥补；投资企业不得调整减低其投资成本，也不得将其确认为投资损失。

我们可以发现，如果撤资将会把我们从公司拿到的钱分为三部分：一是股本，拿到股本不需要缴税；二是股息所得，股息所得是否要缴税，要根据股东的身份确定。如果股东是法人企业，按照企业所得税法的规定，符合条件的居民企业之间的股息红利所得免企业所得税。如果股东是自然人，按照个人所得税法的规定，股息红利按20%缴纳个人所得税；三是如果还有剩余资金就是转让所得。

转让所得无论是自然人股东还是法人股东都需要缴税。但是这里的股息所得是多少，并不是根据公司三个盈余公积、资本公积和未分配利润的余额计算的，仅根据相当于被投资企业累计未分配利润和累计盈余公积按减少实收资本比例计算的部分，才确认为**股息所得，大家可以发现，这里并不包括资本公积的余额**。

下面举一个实例：2001 年 A 股东出资 300 万元投资甲企业，占 30% 的股权，2013 年该股东全额撤资，撤资前，该公司未分配利润：300 万元；盈余公积：200 万元；资本公积：500 万元，这时权益类账户该股东能分到 300 万元，但是 A 股东最终分得了 550 万元，如何缴税呢？把这 550 万元分成三部分，首先把出资的成本 300 万元减去，这 300 万元不需要缴税的，还剩下 250 万元，然后按照该公司未分配利润和盈余公积 500 万的 30% 计算是 150 万元，这 150 万元为股息所得，如果该股东是自然人就要缴纳个人所得税；如果是法人，则不缴税。最后剩余的 100 万元就是投资转让所得。

那么问题来了，企业注销，大家每个人分钱，这种状况很少见，因为企业多数是亏损才关门的，并且一般分实物比较多，企业如果用剩余资产对外分配则视同销售，如果分配的是相关的存货、机器设备，其增值的视同销售，需缴纳增值税，如果涉及房产、土地，还要缴纳营业税、土地增值税，投资方还要缴纳契税，当然还有缴纳企业所得税。下面来举一个案例：假如一家公司只剩下三栋大楼：第一栋楼的公允价值是 800 万元；第二栋楼公允价值是 500 万元；第三栋大楼公允价值是 1 200 万元，分别将三栋大楼分给三位股东，如果把公司大楼分给股东，那么公司就要缴纳营业税、土地增值税、企业所得税，那个股东也要缴纳契税，分给别的股东也是一样的。

现在来模拟一下：假如现在将第一栋楼分给 A 股东，A 股东自己经营，如果一号楼是仓库，那么怎么经营呢？以个人的名义出租不太可能的，他可能会以这个仓库作为出资开一家仓储公司，因此 A 股东以这份资产投资成立公司；如果我现在将第二栋楼分给 B 股东，B 股东会将其出售；如果将三号大楼分给 C 股东，C 股东可能会和别人合伙一起做。

1#楼	2#楼	3#楼
800万元	500万元	1 200万元

现在来做详细分析，对于 A 股东的思路，如果将这个大楼拿出去单干自己成立一个公司，A 股东自己成立公司不可能固定资产只有大楼，现在 A 股东出钱，原来公司出楼一起开一家仓储公司，原来公司这个楼的公允价值 800 万元，因此占这个新的仓储公司的 30% 的法人股权，原来公司把大楼投资成立一家公司可以免营业税，如果我们不是房地产企业，还可以免土地增值税，企业所得税不免征照样缴纳。而由于这个楼没有分给 A 股东，所以 A 股东不需要缴纳契税，由新的仓储公司缴纳契税。成立完成后，原来公司把拥有的 30%（大概公允价值 800 万）的法人股股权分给 A 股东，那么 A 股东就可以对新的仓储公司拥有 100% 股权了。如果这样操作，则原来公司可以省下了营业税、土地增值税，A 股东则省下了契税。

对于 B 股东，如果原来把二号大楼分给 B 股东，而 B 股东将楼房出售，那么 B 股东由于先得到大楼了，将要缴纳契税，如果原来公司现在直接帮B股东将二号大楼卖给那个买家，买家总是要缴纳契税的，但是这样就可以帮B股东省下了4%的契税20万元，这时候原来公司就有钱了，将500万元分给B股东，对公司而言卖大楼和分配大楼给股东企业缴纳的各种税是一样的，但可以帮助B股东省下契税。

关于C股东，如果三号大楼直接分给C股东，C股东再将房子投资别的企业，那么C股东得到大楼先要缴纳契税，如果原来公司直接拿着房子帮C股东投资给别的企业，原来公司先跟别的企业一起干，因为房产投资免营业税和土地增值税，则C股东即可避免缴纳契税，原来公司的所得税照样缴纳，假如原公司对别的企业持40%的法人股，而这40%的股权公允价值是1 200万元，而股权对原公司而言也是原公司的资产，最后原公司将法人股分配给C股东成为自然人股。所以税收筹划无处不在，每一刻都能筹划。

后　记

企业盈利新模式：向财务要财富

——财务才是企业创造财富的最大市场。

——健全的管理制度和坚决的执行态度才是企业健康成长的助推器。

——企业只有整天想着税，老板才能“税（谐音，睡）得香”。

规范纳税操作实务，提高税务处理和工作效益，其实对于税务处理质量的提高方法很多，企业现在最大的问题就是乱做账，想通过分录来减少税收，但一笔业务的发生，它的分录只有一个是正确的，因此须做到准确的财务归属。当然有些是故意的，有些事无意的，要想规避这个风险很简单：第一，说不一定；第二，多问几个为什么，你才有可能知道这件事是为了原因发生的；第三，开展纳税预算和筹划活动，尽可能实现税后利润最大化；第四，构建税务信息交流平台，提供税务咨询服务；第五，企业尽可能健全税收管理制度，如信息沟通制度、税收稽核制度、涉税档案管理制度、税收筹划制度、风险管理制度、发票管理制度和自查复核制度等。

当然能把这些制度全部建成是最好的，但有的企业暂时不能全面，须先建立哪一个呢？我认为应先建立信息沟通制度，强化业务与财务的沟通，强化决策层与执行层的沟通，强化企业内外部的沟通。任何一笔业务发生要尽可能把这项业务所发生的票据、文书、事项留下来，企业的任何的群体性活动要尽可能地留下照片。公司还应当建立报备制度、发票管理制度、税收筹划制度等企业内部税收管理制度并且加以实施。

如何保证这些制度的落实，就需要做到以下几点。

首先，企业内部管理理念更新到位。公司在追求市场的同时，要考虑当有资金进来时能否留住资金，这就要求企业既要管理市场又要管理内控，在内控中需要着重管理的是资金和税务两个方面，它们贯穿于企业的全部流程。

其次，企业领导支持力度到位。

再次，企业内部税务的税务管理组织体系组建到位。很多公司有许多制度，但没有税务管理制度；很多公司好几个会计岗位，就是没有设置专门的税务会计；很多公司有大量部门，就是没有税务管理科室；有很多公司顾问，就是没有税务顾问。内部管理体系一定要到位，没有这个体系，就没有效果。因此强力建议企业组建税务部。组建税务部时尽量不要挂在财务处下面，财务处会影响税务，税的产生和核算在财务，如果税务部在财务处下面，财务部是既填报表又要管税，相当于试卷的填制和批改是同一个人，这样是不行的，因此税务部应直接挂在董事会名下，职能是在公司进行监管，不负责报税，是把国家政策与企业的实际情况对接，找出风险和问题，从而想出方案。

最后，税务管理人才配置和培育措施到位。要专门配置专职的税务人才，同时要注重培育人才。要想管好税务，既要懂得税收相关规定，又要了解公司实际操作。

如何体现我们自身的价值？要告诉老板怎么做才能更好，发现问题只是第一步，解决问题才是我们财务人员的价值。

读者意见反馈表

亲爱的读者：

感谢您对中国铁道出版社的支持，您的建议是我们不断改进工作的信息来源，您的需求是我们不断开拓创新的基础。为了更好地服务读者，出版更多的精品图书，希望您能在百忙之中抽出时间填写这份意见反馈表发给我们。随书纸制表格请在填好后剪下寄到：**北京市西城区右安门西街8号中国铁道出版社综合编辑部 王佩 收（邮编：100054）**。或者采用**传真（010-63549458）**方式发送。此外，读者也可以直接通过电子邮件把意见反馈给我们，E-mail地址是：**1958793918@qq.com**。我们将选出意见中肯的热心读者，赠送本社的其他图书作为奖励。同时，我们将充分考虑您的意见和建议，并尽可能地给您满意的答复。谢谢！

- -

所购书名： ______________________________

个人资料：

姓名：____________性别：__________年龄：__________文化程度：______________

职业：____________________电话：________________E-mail：______________

通信地址：______________________________________邮编：______________

- -

您是如何得知本书的：

□书店宣传 □网络宣传 □展会促销 □出版社图书目录 □老师指定 □杂志、报纸等的介绍 □别人推荐

□其他（请指明）____

您从何处得到本书的：

□书店 □邮购 □商场、超市等卖场 □图书销售的网站 □培训学校 □其他

影响您购买本书的因素（可多选）：

□内容实用 □价格合理 □装帧设计精美 □带多媒体教学光盘 □优惠促销 □书评广告 □出版社知名度

□作者名气 □工作、生活和学习的需要 □其他

您对本书封面设计的满意程度：

□很满意 □比较满意 □一般 □不满意 □改进建议

您对本书的总体满意程度：

从文字的角度 □很满意 □比较满意 □一般 □不满意

从技术的角度 □很满意 □比较满意 □一般 □不满意

您希望书中图的比例是多少：

□少量的图片辅以大量的文字 □图文比例相当 □大量的图片辅以少量的文字

您希望本书的定价是多少：

本书最令您满意的是：

1.

2.

您在使用本书时遇到哪些困难：

1.

2.

您希望本书在哪些方面进行改进：

1.

2.

您需要购买哪些方面的图书？对我社现有图书有什么好的建议？

您更喜欢阅读哪些类型和层次的人力资源管理类书籍（可多选）？

□入门类 □精通类 □综合类 □问答类 □图解类 □查询手册类 □实例教程类

您在人力资源管理过程中遇到什么困难？

您的其他要求：